Älterwerden
ist nichts für
Anfänger

Bernard S. Otis

Älterwerden ist nichts für Anfänger

Warum jeder Augenblick zählt und was ich gern früher gewusst hätte

Aus dem Englischen von Theresia Übelhör

Haben Sie Fragen an den Mankau Verlag?
Anregungen zum Buch?
Erfahrungen, die Sie mit anderen teilen möchten?

Nutzen Sie unser Internetforum:
www.mankau-verlag.de/forum

Impressum

Bibliografische Information der Deutschen Nationalbibliothek
Die Deutsche Nationalbibliothek verzeichnet diese Publikation in der Deutschen Nationalbibliografie; detaillierte bibliografische Daten sind im Internet über http://dnb.d-nb.de abrufbar.

Bernard S. Otis
Älterwerden ist nichts für Anfänger
Warum jeder Augenblick zählt und was ich gern früher gewusst hätte
ISBN 978-3-86374-555-4
1. Auflage April 2020

Mankau Verlag GmbH
D-82418 Murnau a. Staffelsee
Im Netz: www.mankau-verlag.de
Internetforum: www.mankau-verlag.de/forum

Übersetzung: Theresia Übelhör, Heidelberg
Lektorat: Redaktionsbüro Julia Feldbaum, Augsburg
Endkorrektorat: Susanne Langer-Joffroy M. A., Germering
Cover/Umschlaggestaltung: Hauptmann & Kompanie Werbeagentur, Zürich
Innenteil/Layout und Satz: Lydia Kühn, Aix-en-Provence, Frankreich
Energ. Beratung: Gerhard Albustin, Raum & Form, Winhöring

Druck: Druckerei C. H. Beck, Nördlingen

Die Originalausgabe ist im Verlag Incorgnito Publishing Press, LLC 1651 Devonshire Lane, Sarasota, FL 34236 U.S.A., unter dem Titel »How to Prepare for Old Age« erschienen.

Vermittlung durch Wittmann Agency, International & Foreign Rights Agency, Lutherstadt Wittenberg, www.the-wittmann-agency.com

Alle Rechte der deutschsprachigen Ausgabe:
© 2020, Mankau Verlag GmbH, Murnau

Wichtiger Hinweis des Verlags: Der Autor hat bei der Erstellung dieses Buches Informationen und Ratschläge mit Sorgfalt recherchiert und geprüft, dennoch erfolgen alle Angaben ohne Gewähr; Verlag und Autor können keinerlei Haftung für etwaige Schäden oder Nachteile übernehmen, die sich aus der praktischen Umsetzung der in diesem Buch dargestellten Inhalte ergeben. Bitte respektieren Sie die Grenzen der Selbsthilfe, und suchen Sie bei Erkrankungen einen Arzt oder Therapeuten auf.

Inhalt

Widmung 9

Vorwort 15

Mein Name ist Bernard Otis.
Und wie heißen Sie? 24

<1> Behandeln Sie jeden als ebenbürtig. 27

<2> Sprechen Sie mit Ihren Kindern. Sie werden es
Ihnen später danken. 30

<3> Bewahren Sie sich Ihre Gesundheit, damit Sie
aktiv und kreativ bleiben können. »Ruhestand«
bedeutet nicht, das Leben aufzugeben. 37

<4> Die Zeit fliegt dahin. Sorgen Sie dafür,
dass jeder Augenblick zählt. 39

<5> Das Leben ist kein Kampf; es ist eine Reise,
und wenn Sie jede Etappe gut vorausplanen,
werden Sie triumphieren. 43

<6> Das Sehvermögen wirkt sich auf alles aus,
was wir tun. 51

<7> Sterben Sie nicht, bevor Sie sterben müssen. 64

<8> Es ist zwar das Beste, andere Ihren Charakter
beurteilen zu lassen, aber es ist ebenso wichtig, nach
innen zu blicken und das eigene Handeln abzuschätzen,
wenn Sie anderen helfen; auf diese Weise bleiben Sie
Ihren eigenen Bemühungen treu. 67

<9> Der größte Mythos überhaupt: »Ich habe das alles
allein geschafft.« 75

Inhalt

- ⟨10⟩ Geben Sie niemals auf; entscheiden Sie sich für das Leben. 80
- ⟨11⟩ Das Leben ist eine lohnenswerte Herausforderung. .. 83
- ⟨12⟩ Egal, wie alt Sie sind, das Leben endet, wenn Sie aufhören zu leben. 87
- ⟨13⟩ Beziehungen zählen zu unseren kostbarsten Schätzen. 91
- ⟨14⟩ Die Bedeutung unserer Familie, wenn wir älter werden – Ich bin der Hüter meines Bruders. 94
- ⟨15⟩ Schieben Sie Ihre alten Angehörigen nicht ab. 103
- ⟨16⟩ Helfen Sie stets anderen, ein glückliches Leben zu führen. 121
- ⟨17⟩ Gemeinschaft und Liebe sind nicht nur für die Jungen da. 126
- ⟨18⟩ Die Erkenntnis, dass wir unsere Unabhängigkeit aufgeben müssen. 136
- ⟨19⟩ Beim Umgang mit den Problemen von uns Alten oder Schwerkranken brauchen unsere Familien uns ebenso, wie wir sie brauchen. 142
- ⟨20⟩ Pflegeeinrichtungen und worauf man achten sollte. 148
- ⟨21⟩ Jeder alternde Mensch braucht einen Fürsprecher. 159
- ⟨22⟩ Medizinische Alarmsysteme sind für die Sicherheit von Senioren unverzichtbar. 169

Inhalt

⟨23⟩ Der Umgang mit dem Sehverlust. 174

⟨24⟩ Die Erkenntnis des Lebenssinns trägt zu einer
glücklichen Reise bei. 178

⟨25⟩ Die Erkenntnis des Lebenssinns, Teil 2. 185

⟨26⟩ Meditation und Achtsamkeit können die
Lebensreise erfüllender machen. 191

⟨27⟩ Lassen Sie nicht zu, dass die Technik Ihr
Leben bestimmt. 200

⟨28⟩ Entscheidungen, die unser Glück
beeinflussen können. 220

⟨29⟩ Lassen Sie nicht zu, dass Kleinigkeiten
Beziehungen zerstören. 226

⟨30⟩ Rechtzeitige Vorbereitungen für das Ende der
Reise machen die Ankunft deutlich angenehmer. ... 231

⟨31⟩ Der Verlust eines lieben Angehörigen sollte zu
einer Feier seines Lebens führen. 244

⟨32⟩ Die Zeit zwischen Geburt und Tod sollte mit Freude
und Glück erfüllt sein – auch wenn wir unterwegs
mit Schmerzen und Herausforderungen
konfrontiert sind. 256

Eine Botschaft an meine Leser 261

Danksagungen 263

Über den Autor 267

Register 269

Widmung

Anna Patricia Otis
(3. April 1941 – 8. Oktober 2012)

Am 8. Oktober 2012 verlor Anna, meine Partnerin, mit der ich nahezu dreißig Jahre verheiratet gewesen war und der ich alles verdanke, was ich in meinem Leben erreicht habe, den Kampf gegen den Krebs.
Im Lexikon finden sich nicht genügend Wörter, die beschreiben könnten, wie viel sie mir bedeutet hat und wie sehr wir uns seit dem Augenblick, als wir uns 1983 kennenlernten, geliebt haben.
Anna war liebenswert, freundlich, fürsorglich, verständnisvoll, und sie unterstützte mich bei meinen Bemühungen, beruflich voranzukommen. Ihr Einfluss auf mich kann mit Worten gar nicht ausgedrückt werden.
Sie war eine international anerkannte Lehrerin für sehbehinderte und blinde Senioren und wurde von Familienan-

gehörigen, Freunden, Mitarbeitern und allen verehrt, die sie kannten oder mit ihr in Berührung kamen.

Keinen meiner Erfolge, die ich seit unserem Kennenlernen verzeichnen konnte, hätte ich ohne Anna und die Rolle, die sie in meinem Leben gespielt hat, erreicht.

Sie hat mich geliebt. Und das war mit Sicherheit nicht einfach! Dennoch werde ich die Erinnerung an sie immer in meinen Gedanken und meinem Herzen mit mir tragen, und ...

Einen Augenblick, bitte! Nur eine Minute. Darauf möchte ich näher eingehen.

Ich möchte noch ein wenig bei dieser Widmung verweilen. Warum? Weil Anna meine geliebte Frau war. Sie ist der Grund, weshalb ich dieses Buch geschrieben habe, und ein paar kernige Sätze reichen einfach nicht aus, um weder ihr noch unserer fast dreißig Jahre währenden Liebe gerecht zu werden.

Ich bin 85 Jahre alt. Ich habe mir das Recht erworben, Regeln zu brechen und bei einem Thema zu verweilen, wenn ich es will. Außerdem ist das mein Buch ...

Und ich weiß, dass Anna nicht *wirklich* weg ist. Lesen Sie bitte weiter.

Dieses Buch ist die beste, wenn auch schwache Form, ihrer auf eine Weise zu gedenken, die sie verdient hat, und ich werde diese Gelegenheit voll ausnützen.

In diesem Sinne ...

Am Sonntag, den 25. August 2013, enthüllten wir im Beisein der Familie und einiger Freunde Annas schönen Grabstein. Das war weder eine religiöse Zeremonie noch eine traurige Angelegenheit, sondern vielmehr eine Feier ihres Lebens und all dessen, was sie für uns bedeutet hat.

An diesem Tag weinte ich nur kurz, weil ich instinktiv wusste, dass wir bald wieder miteinander kommunizieren würden, und dieser Gedanke tröstete mich.
Und dieser Tag kam am 30. Dezember 2013.

Ich bin immer traurig, wenn ich über einen Friedhof gehe und so viele Grabsteine von dort ruhenden Menschen sehe, die aber keinerlei Angaben machen, wer diese Person wirklich war oder wie sie zur Verbesserung der Gesellschaft beigetragen hat. Und obwohl ich mich als recht religiösen Mann betrachte, habe ich es immer als etwas mangelhaft empfunden, wenn ein Geistlicher eine kürzlich verstorbene Person pries, einen Menschen, dem er nie begegnet war. Selbstverständlich hatte die Familie den Geistlichen mit Informationen versorgt, aber für mich gibt es nur einen Weg.
Und dieser ist, die Angelegenheit selbst in die Hand zu nehmen, so, wie ich es tat, als ich das Bestattungsinstitut anwies, dass Annas Grabstein aus Bronze und mit weißen Blumen verziert sein sollte.
Am 30. Dezember 2013, als ich auf Annas Grab zuging – und an vielen schwarzen und grauen Grabsteinen vorbeikam –, begannen die Tränen zu fließen, die ich am Tag von Annas Beerdigung zurückgehalten hatte.
Die Sonne schien, dennoch gab es da diesen besonderen Strahl, der mir zu folgen schien. Als ich die ganze Strecke zurückgelegt hatte und schließlich an Annas Grab ankam, traf der Lichtstrahl auf den bronzenen Grabstein, wurde davon reflektiert und fiel direkt auf mich.
Ich war überzeugt, dass dieser Lichtstrahl meine geliebte Anna war. *Meine Liebste* ...

Das war das Unglaublichste, was ich in all meinen 85 Lebensjahren erlebt habe. Und als ich mehr als eine Stunde lang schluchzend dastand, erzählte ich ihr von diesem Buch.

Während ihr Lichtstrahl auf mich fiel, versprach ich ihr, dass sie stolz auf mich sein würde. Wir sprachen wieder miteinander.

Seitdem habe ich keine Angst mehr vor dem Tod. Überhaupt keine.

Und ich habe auch nicht mehr geweint, weil ich weiß, dass es Anna gut geht und dass ihr Geist in mir lebt.

Dabei will ich es belassen. Während Annas Geist für immer nicht nur in meinem Herzen und meinen Gedanken weiterleben wird, sondern natürlich auch in denen unserer Familienangehörigen und vieler anderer, die sie gekannt haben, wird die Inschrift auf ihrem rosafarbenen Grabstein mit den weißen Blumen für immer an ihre Güte und das Glück erinnern, die sie auf diese Welt gebracht hat.

Anna Patricia Otis

International anerkannte Blindenlehrerin
Geliebt von ihrem Ehemann und ihrer Familie und allen,
die sie kannten

1941–2012

Ich kann mich als sehr, sehr glücklichen Mann schätzen. Meine liebe Anna, ich werde dich *immer* lieben …

Wenn meine Erfahrung rund um Annas Tod etwas Gutes hatte – aber verstehen Sie mich nicht falsch, der Tod eines geliebten Menschen ist nichts, was man verstandesmäßig begreifen kann –, dann war es die Tatsache, dass ich 83 Jahre alt war, als sie starb, und endlich verstehen konnte, was mir andere in der Vergangenheit gesagt hatten: Tragödien führen gute Menschen zusammen.

Vorwort

Wenn junge Menschen und Leser mittleren Alters dieses Buch nicht zur Hand nehmen, dann habe ich vielleicht meine Zeit vergeudet – und das in meinem hohen Alter! Darüber muss ich ein bisschen nachdenken.
Das ist die Krux an der Sache: Trotz meines Aussehens, der Witze, der Fragen, des Mitleids ... Auch ich war einmal jung. Alles war gut, Sie wissen schon.
Aber es gibt einen weiteren Haken: Schwere Krankheiten und Todesfälle treffen leider nicht nur alte Menschen.
Wenn ich meine Aufgabe so gut mache, wie ich hoffe (ich bin jetzt 85 Jahre alt, schreibe dies in einem Seniorenheim und gebe mein Bestes), dann werden Sie mit nützlichen Einblicken in den Alterungsprozess ausgestattet, den ich am liebsten als *Die Reise des Lebens* bezeichne. Diese Einblicke werden es Ihnen nicht nur ermöglichen, richtig für die Zukunft zu planen (falls Sie ein junger Leser sind), sie werden Ihnen, falls Sie bereits älter sind, helfen, sich mit den zahlreichen altersbedingten Problemen auseinanderzusetzen.
Ich bitte Sie ungeachtet Ihres Alters um Folgendes: Bleiben Sie für neue Ideen aufgeschlossen, seien Sie nicht starrköpfig. Lernen Sie aus Ihren Fehlern. Teilen Sie anderen Ihre gewonnene Weisheit mit. Bleiben Sie ein Individuum, und leisten Sie Ihren Beitrag, wie nur Sie ihn leisten können. Gehen Sie vertretbare Risiken ein. Hören Sie mehr zu, als Sie sprechen, und predigen Sie nicht – Sie würden diejenigen, die Sie belehren wollen, nur verprellen.
Beenden Sie das Spiel auf Ihre Weise.

Habe ich etwas vergessen?
Irgendjemanden?
Also dann ...
Ich hoffe, Ihnen gefällt mein Buch, und ich vertraue darauf (und hoffe), dass Sie es sehr informativ und inspirierend finden werden.
Wie *Die Reise des Lebens* ist auch mein Buch eine Reise mit mehr Drehungen und Wendungen, Tragödien und Triumphen, als jeder Kinofilm oder Roman je aufbieten könnte.
Wenn es nur so einfach wäre.

Leiten Sie an, predigen Sie nicht

Erlauben Sie mir, Ihnen eine kleine Geschichte zu erzählen. Ich habe sie einmal von einer jüngeren Frau gehört. Sie war damals etwa 81 Jahre alt.
»Also Bernard ...«
»Nenn mich Bernie.«
»Also ... Bernard. Ein älterer Mann – etwa 87, 88 Jahre alt – fuhr mit einem großen Auto über einen verkehrsreichen Highway, auf dem Beifahrersitz saß eine 83 Jahre alte Frau. Sie waren beide ziemlich klein und konnten kaum über das Armaturenbrett schauen. Haben Sie mich soweit verstanden?«
»Alles klar.«
»Glückwunsch! Als sie an eine Kreuzung kamen, überfuhr der Fahrer eine rote Ampel. Die Beifahrerin wollte ihn nicht verletzen, deshalb sprach sie mit sich selbst. Wissen Sie, was sie sagte?«
»Keine Ahnung.«

»Dachte ich mir. Sie flüsterte sich selbst zu – der Fahrer war ohnehin ein wenig schwerhörig, wissen Sie: ›Ich glaube, wir haben gerade eine rote Ampel missachtet. Ich hoffe natürlich, dass ich mich täusche.‹ Sind Sie noch bei mir?«
»Noch stehe ich da, nicht wahr?«
»Stehen? Nicht mehr lange, glauben Sie mir. Jedenfalls nicht ohne Hilfsmittel ...«
»Nicht?«
»Nein. Also dieser Fahrer und seine Beifahrerin – und Bernard, bitte unterbrechen Sie mich nicht mehr – kamen an eine weitere Kreuzung. Und der Fahrer missachtete wieder die rote Ampel. Dieses Mal meinte die Beifahrerin, dass sie sich das nur einbildete, deshalb sagt sie nichts. Sie richtete sich jedoch auf, so gut es ging, und sah genau hin. Und er tat es wieder.«
»Noch mal?«
»Noch einmal! Bernard, bitte! Deshalb meldet sie sich zu Wort. Und sie sagt zu ihrem Freund, dem Fahrer: ›Weißt du, dass du jetzt drei Mal über rote Ampeln gefahren bist?‹ Und, Bernard, was glaubst du, hat er geantwortet?«
»Ich habe nicht die geringste ...«
»Er sagte: ›Willst du damit etwa sagen, dass ich fahre?‹«

Ich erinnere mich an diesen Tag, als wäre es gestern gewesen. Sie musste so sehr lachen, dass sie ins Krankenhaus gebracht wurde, weil sie gar nicht mehr aufhören konnte zu keuchen.
Sie lacht noch immer. Sie ist noch am Leben. Und sie erzählt mir diesen Witz jedes Mal, wenn ich sie sehe! So, als hätte sie ihn mir noch nie erzählt. Aber sie lacht, sie lebt und ist glücklich.

Irgendwo besteht da ein Zusammenhang.

Da ich schon einmal beim Thema bin, halte ich es für einen guten Zeitpunkt, für einen Augenblick auf das Thema Gedächtnis einzugehen. Wir werden uns später noch ausführlicher damit befassen ...

Das Gedächtnis lässt mit zunehmendem Alter ein bisschen nach.

Das wird Sie wohl kaum überraschen.

Abraham Lincoln sagte einmal: »Man kann der Verantwortung für morgen nicht entkommen, indem man ihr heute ausweicht.«

Das Problem der Verantwortung und der Planung für die Zukunft werden das Hauptthema dieses Buches sein. Daran sollten Sie sich jetzt schon gewöhnen, weil Sie sich in der Zukunft vielleicht nicht mehr an Ihre Verantwortlichkeiten erinnern werden.

Beachten Sie, dass ich »vielleicht« gesagt habe, nicht, dass es so kommen muss. Aber sagen Sie nicht, ich hätte Sie nicht gewarnt.

Zum Glück ist mein Gedächtnis (noch) gut. Ich sage »zum Glück«, denn wenn ich an die vielen Gründe dafür denke, dieses Buch zu schreiben, ist der vorrangige Grund, dass ich es zu Ehren meiner geliebten Anna tue.

Sie war bis in ihre letzten Jahre, bis die Krankheit zuschlug, voller Lebendigkeit.

Und dann war ich allein. Das war für mich eine neue Erfahrung, nachdem wir so lange verheiratet gewesen waren. Am Tag ihres Todes war ich am Boden zerstört. Bei ihrer Beerdigung feierte ich ihr Leben.

Und mir wurde klar, dass ich nicht sterben wollte, *solange die Musik des Lebens in mir erklang.*

Mein Leben hat sich nach Annas Tod verändert. Ich möchte, dass Sie alle über diese intimen Details Bescheid wissen. So lernen Sie mich als Individuum kennen und verstehen mich, und ich kann Ihnen umso klarer machen, dass meine Lebensumstände keineswegs ungewöhnlich sind.

Danach werden wir uns dem eigentlichen Thema dieses Buches zuwenden: unserer Reise von A bis Z – von der Geburt bis zum Tod.

Im Mai 2010 kam der Arzt, der bei Anna gerade eine Not-Blinddarmoperation durchgeführt hatte, um 6 Uhr 30 aus dem Operationssaal. Die OP war erfolgreich verlaufen, doch er informierte mich, dass sie während des Eingriffs bei ihr eine seltene Krebsart entdeckt hatten.

»Bernie ... es tut mir leid. Sie hat keine zwei Jahre mehr zu leben«, sagte er.

Das war alles. Nachdem ich diese schockierende Nachricht aufgenommen und dem Arzt ein paar Fragen gestellt hatte, trat ich selbstverständlich in einer höchst emotionalen Gemütsverfassung die Heimfahrt an. In den folgenden Stunden und Tagen beschäftigten mich vor allem drei Fragen:

1. Was musste ich tun, um sicherzustellen, dass Anna die beste zur Verfügung stehende medizinische Behandlung erhielt?
2. Welche Veränderungen musste ich in meinem Leben vornehmen, um zu gewährleisten, dass ich während ihrer Behandlung und Betreuung immer an ihrer Seite sein konnte?
3. Mit wem musste ich Kontakt aufnehmen, um Informationen über eine namhafte Agentur für häusliche Krankenpflege zu erhalten, die uns unterstützen konnte?

Ich war nicht bereit. Ich war nicht vorbereitet.

Ich brauchte Hilfe und lernte schnell. Und ich hatte insofern Glück, als ich in diesem Bereich bereits einige Erfahrungen gesammelt hatte. Das hat nicht jeder. Dennoch konnte ich nicht anders, als mir Gedanken zu machen, warum ich nicht besser vorausgeplant hatte …

Interessanterweise erhielt ich die Antworten auf meine drei Fragen schnell, weil ich auf meine langjährige Erfahrung im Umgang mit unheilbar Kranken zurückgreifen konnte, aber auch auf die mir bekannten Ressourcen. Für mich stand fest, dass ich nichts weiter zu tun brauchte, als gelassen und organisiert zu bleiben, dann würden unsere Bedürfnisse schon erfüllt werden.

Am nächsten Tag, als Anna sich von der Operation erholte, traf ich mich mit meinem guten Freund, unserem Hausarzt Dr. Jonathan Matthew, der mir ausführlich erklärte, was medizinisch getan werden musste. Er überwies mich an Dr. Omar Shaye und Dr. Ashkan Laskari, zwei renommierte Onkologen, denen ich sofort vertraute. Und in den folgenden zweieinhalb Jahren sollte sich zeigen, wie klug diese Wahl gewesen war.

Langsam begann ich, mich von meiner aktiven Berufslaufbahn zurückzuziehen und mich ganz meiner schönen und begabten Frau zu widmen.

Meine Verwandten, Michelle und Michael Ginsburg, lieferten die Antwort auf meine dritte Frage, als sie mir eine Person vorstellten, mit der sie auf dem Gebiet der häuslichen Pflege zusammengearbeitet hatten.

Aufgrund finanzieller Belastungen nach drei Familientragödien, die sich kurz zuvor ereignet hatten, waren wir finanziell nicht gut aufgestellt, doch über die Frage hinsichtlich der Kosten der Pflege von Anna machte ich mir überhaupt keine Gedanken. Schließlich hatten wir eine der besten zur Verfügung stehenden Versicherungen zur Kranken- und Medikamentenversorgung abgeschlossen und darüber hinaus das, was sich als eine der besten, wenn nicht die beste langfristige Pflegeversicherung entpuppte. (Falls Sie diese nicht haben, vergeuden Sie keine Zeit, und suchen Sie sich eine.) Zu meinem Glück liefen mein berufliches Leben, meine Karriere und mein erstes Buch gut, und das half uns, die finanzielle Last zu mindern.

Obwohl ich mein ganzes Leben lang ehrenamtlich in der Pflege gearbeitet hatte – quasi als Nebenjob zu meiner Arbeit im Gaststättenwesen –, fand ich leider bald heraus, dass ich jetzt auch Annas Pflegekräfte zu managen hatte, damit sie die bestmögliche Betreuung erhielt. Vor Annas Erkrankung konnte ich abends nach Hause gehen und die gelegentliche Traurigkeit im Schlaf verarbeiten. Ich wusste immer, dass ich gute Arbeit leistete, mich um andere kümmerte und darüber hinaus regelmäßig ehrenamtlich in Hospizen arbeitete. Doch wenn man ein Herz hat, nimmt einen die Arbeit manchmal mit. Verlust ist nie leicht zu verkraften. Und jetzt war ich zu Hause und konnte mir keine Auszeit nehmen.

Die Pflege eines geliebten Menschen ist an sich schon eine Vollzeitbeschäftigung. Und die geistige und körperliche Belastung kann unglaublich hoch sein.

Und wieder: Man muss sich auf alle möglichen Ergebnisse vorbereiten.

Während dieser schwierigen Zeit vergaß ich wie so viele andere, auf mich selbst zu achten. Innerhalb von drei Monaten hatte ich fast sieben Kilogramm zugenommen, schlief lediglich fünf Stunden pro Nacht und war emotional überlastet.

Damals wusste ich nicht, was ich heute weiß: Dass Burn-out bei Pflegenden Realität ist und dass der Stress der Pflege wie ein frontaler Angriff wirken kann.

In meinem Fall sagten mir meine Familie und meine Freunde, dass man mir die Anstrengung am Gesicht ansehen könne. Bis Annas Leidensweg zu Ende war, fühlte ich mich manchmal, als könnte ich kaum atmen. Meine Anstrengungen wurden durch Schwierigkeiten mit den Krankenversicherungen und den täglichen langen Wartezeiten in Warteschleifen am Telefon erschwert, wie auch durch das Mailen und Faxen von Formularen und Dokumenten, die irgendwie unterwegs immer wieder verloren gingen.

Die Zeit verstrich. Anna wurde immer schwächer.

Und dann ... starb sie.

Das war es. Ihre Lebensreise war zu Ende. Bis heute blicke ich zufrieden zurück, dass ich für meine geliebte Frau da sein konnte, als sie mich am meisten brauchte. Wenn ich irgendetwas bedauere, dann dass ich nicht gut vorbereitet war. Doch um mich zu wiederholen: Ich habe daraus gelernt. Seitdem habe ich für die Zukunft vorausgeplant. Und mein größter Wunsch ist, dass Sie das ebenfalls tun, wenn Sie dieses Buch zu Ende gelesen haben.

Ich wünsche Ihnen, dass Ihre Reise ebenso wie meine von Gesundheit, Glück und vor allem Liebe erfüllt sein wird.

»Gevatter Zeit ist nicht immer ein strenger Vater, und obwohl er sich mit keinem seiner Kinder lange aufhält, legt er häufig die Hand sanft auf diejenigen, die ihm von Nutzen gewesen waren; er lässt sie unerbittlich zu alten Männern und Frauen werden, lässt ihre Herzen und Geister aber jung und voller Kraft bleiben.

Bei solchen Menschen ist der graue Kopf nur Ausdruck der Hand des alten Kerls, der sie segnet, und jede Falte nur eine Kerbe im stummen Kalender eines gut geführten Lebens.«

— Charles Dickens, *Barnaby Rudge*

Mein Name ist Bernard Otis. Und wie heißen Sie?

Wir wollen einander kennenlernen, nicht wahr? Jede gute Beziehung beginnt mit einem ersten Schritt. Einem Anfang. Was Sie also als Erstes über mich wissen sollten, ist die Tatsache, dass ich in eine große orthodoxe jüdische Familie in Detroit hineingeboren wurde.

Das Zweite – das vielleicht Ergebnis meiner Erziehung ist, wer weiß? – ist die Tatsache, dass mir immer wieder gesagt wird, ich hätte für einen 85-Jährigen einen ziemlich skurrilen Humor. Hier ein Beispiel:

> Als Jason erfuhr, dass sein 95 Jahre alter Großvater gestorben war, ging er sogleich zu seiner 90 Jahre alten Großmutter, um sie zu trösten. Als er bei ihr ankam, fragte er, was denn passiert war.
>
> Die Großmutter erklärte, dass ihr Mann gestorben war, während sie Sex gehabt hatten.
>
> Jason war verdutzt und sagte seiner Großmutter, er sei schockiert darüber, dass sie in ihrem Alter Sex hatten. Er war der Meinung, das sei eine »wirklich schlimme Situation«.
>
> Die Großmutter antwortete, sie und sein Großvater hätten vor einigen Jahren herausgefunden, dass es für Ältere sicher sei, Sex zu haben, während die Kirchenglocken läuteten.
>
> Sie sagte, es gehe nur um den Rhythmus – es sei sehr entspannend und sicher, wenn man mit dem »Ding«

hinein-, mit dem »Dong« herausgehe. Und dann fügte sie hinzu: »Wenn dieser dumme Eiswagen nicht vorbeigekommen wäre, würde Großvater heute noch leben.«

Tja.
Okay, weiter.
Wir lebten in einem vorwiegend jüdischen Viertel. Wir sprechen hier über einen Stadtteil, der von 75 Prozent Juden, 20 Prozent Katholiken und 5 Prozent von Menschen unterschiedlicher Religionszugehörigkeit bewohnt wurde.
Ursprünglich wollte ich Architekt werden, doch dieses Ziel gab ich in meinem dreizehnten Lebensjahr wegen meiner schlechten Augen auf. Ich besuchte nicht die örtliche High School (Central High), sondern entschied mich für die Cass Tech, eine sehr angesehene technische Schule, die etwa elf Kilometer von meinem Zuhause entfernt war. Ich besuchte die Cass Tech sehr zum Verdruss meiner Eltern, die mir aber dennoch die Wahlfreiheit ließen. Mit der Straßenbahn und dem Bus fuhr ich hin und zurück – nur nicht an den Streiktagen der Transportgesellschaften, die es häufig gab.
In diesen Fällen musste ich zu Fuß gehen. Ich hatte keine andere Wahl.
Doch ungeachtet der gelegentlichen Unannehmlichkeiten erwies sich diese Entscheidung, die ich allein getroffen hatte, als großer Wendepunkt in meinem jungen Leben.
Die Schüler an der Cass Tech, welche in einem siebenstöckigen Gebäude in der Innenstadt von Detroit untergebracht war, waren junge Menschen, die nicht nur Architekt, sondern auch Künstler, Ingenieur, Musiker, Techniker, Konstrukteur, Chemiker und so weiter werden wollten.

Es waren alle Rassen, Glaubensrichtungen, Religionen, Ethnien, finanziellen Schichten und gesellschaftlichen Stellungen der Familien vertreten. Hier war ich zum ersten Mal in meinem Leben mit echten Wahlmöglichkeiten für meine Zukunft konfrontiert.

Und es war eine bunte Mischung von Menschen, die mich in die Lage versetzt hat, in meinem Leben jeden als ebenbürtig zu betrachten.

WEISHEITS-NUGGET #1

Behandeln Sie jeden als ebenbürtig.

Gewöhnen Sie sich an diese *Weisheits-Nuggets*. Ich habe jede Menge davon.

Jedenfalls hatte die Cass Tech ein riesiges Auditorium mit 3000 Plätzen, in dem häufig Weltpolitiker und kommunale Führungspersönlichkeiten Vorträge hielten. Als Vorsitzender der Schülervertretung hatte ich das Privileg, diese bei ihren Besuchen zu treffen, mit ihnen zu Abend zu essen und sie vorzustellen.

Zu den Persönlichkeiten, die ich kennen und respektieren lernte, zählten Walter und Victor Reuther – die Gründer der Gewerkschaft der United Automobile Workers und der Congress of Industrial Organizations –, Senator Hubert Humphrey, Eleanor Roosevelt und zahlreiche andere aus allen Schichten unserer Gesellschaft, darunter auch der interessante Igor Sikorsky, einer der maßgeblichen Luftfahrtpioniere und Entwickler des Hubschraubers. Ja, ich habe Eleanor Roosevelt kennengelernt. Ich habe Ihnen ja gesagt, dass ich alt bin. Also tun Sie nicht so überrascht. Aber warten Sie ab, es kommt noch mehr!

Im Jahr 1946 bat mich der Direktor der High School, Bill Stirton (der später Dekan der Universität von Michigan werden sollte), in Vorbereitung für das Jubiläum anlässlich des fünfzigjährigen Bestehens der Automobilindustrie bei der Koordination einer Hauptveranstaltung mitzuwirken, nämlich einer feierlichen Parade durch das Zentrum von Detroit.

Ich sollte mit dem Baseballstar Connie Mack und dem Autopionier Henry Ford zusammenarbeiten, die beide schon im fortgeschrittenen Alter waren, und einen Wettlauf über die Woodward Avenue, der Hauptstraße von Detroit, organisieren.

Was für eine aufregende Lernerfahrung für einen Teenager, dessen Leben gerade erst begann! Und das alles in einer Zeit, als die Weltwirtschaftskrise überwunden war und die Folgen des Zweiten Weltkriegs unsere Wirtschaft veränderten. Obwohl mir es zu dieser Zeit natürlich nicht klar war, wurden damals die Weichen für die Krise gestellt, mit der wir es heute in unserem Gesundheitswesen, bei den Lebenshaltungskosten und im Bildungssystem zu tun haben.

Ich versichere Ihnen, dass ich bald auf diese Themen zurückkommen werde.

Jeder, der, sagen wir, unter fünfzig Jahre alt ist, hat keine Ahnung, wie schnell das Leben vergeht. Die Vorrunde ist bereits vorüber. Sobald Sie diese Marke des halben Jahrhunderts erreicht haben, rasen die Tage nur so dahin. Glauben Sie mir!

Victor Hugo, der Autor von Les Miserables und Der Glöckner von Notre Dame, sagte einmal: »*Vierzig Jahre sind das Alter der Jugend, fünfzig die Jugend des Alters.*«

Er wusste Bescheid. Auch er wurde alt.

Und erlauben Sie mir, seine Feststellung zu ergänzen: »Und jede Minute danach? Ist ein Rennen gegen die Zeit.«

Ich bin jetzt 85 Jahre alt. Ich muss dieses Buch zu Ende schreiben. Ich muss meine Blogs pflegen, um für dieses Buch zu werben. Darüber hinaus muss ich meine Beratungsfirma weiterführen, und vor allem muss ich weiter meine Rechnungen bezahlen.

Genau wie Sie. Bis ich es irgendwann nicht mehr tun kann. Egal, wie alt Sie sind, Sie und ich, wir unterscheiden uns eigentlich gar nicht so sehr.

Und so sieht meine Realität ansonsten aus: Ich bin zwar 85 Jahre alt, aber ich fühle mich wie mit 25. Mein Geist und mein Herz sind denen eines durchschnittlichen 25 Jahre alten Amerikaners sehr ähnlich. Aber der Körper ... den kann man vergessen!

Sprechen Sie mit Ihren Kindern. Sie werden es Ihnen später danken.

Genug der Spielereien. Es ist Zeit, zum Wesentlichen zu kommen. Sie wussten ja, dass es irgendwann so weit sein würde.

Ab einem gewissen Punkt muss ich zum Ernst der Sache und sogar auf einige hässliche Realitäten zu sprechen kommen. Das Älterwerden ist nicht allzu schön. Doch Ihre zukünftige Lebensqualität hängt von den Entscheidungen ab, die Sie jetzt treffen.

Für meine Leser, die den fünfzigsten Geburtstag noch vor sich haben, sei gesagt, dass es schon bald so weit sein wird. Und warum?

»DIE ZEIT VERGEHT SCHNELL!«

Bevor Sie also den fünfzigsten Geburtstag feiern, würde ich Ihnen gern das Versprechen abnehmen, dass Sie nach mehr streben. Nach dem, was ich als eine *siegreiche Reise* bezeichne. Lockern Sie Ihre Schultern. Entspannen Sie sich. Gestern ist vorbei; es ist Zeit für einen neuen Tag. Bringen Sie das Blut in Wallung (solange Sie es noch können)!

> »Ich kann jedem beibringen, wie er das erhält, was er im Leben haben will. Das Problem ist nur, dass ich niemanden finden kann, der weiß, was er will.«
>
> — Mark Twain

Vor vielen Monaten, kurz nach dem Tod meiner schönen Anna, ging ich zur gewohnten Zeit zu Bett: um 22 Uhr. Und dann geschah etwas Seltsames.

Ich war fünf Jahre alt und lebte in Detroit, Michigan. Das konnte mit Sicherheit kein Traum sein – dafür war es viel zu lebendig. Die Szenen, die Geräusche ... Ich war zurück. Wieder in meiner Kindheit angelangt, zurück an einem Tag, der, wie ich mich erinnere, größtenteils glücklich und erfüllend war.

Ich begleitete meinen Vater, als er sich für 750 Dollar einen Plymouth Baujahr 1935 kaufte. Ein Vater-Sohn-Tag! Wie musste ich solche vermisst haben, als ich in meine Träumerei fiel. Mein Dad war überglücklich und grinste über das ganze Gesicht. (He, das ist mein Buch und mein Klischee; ich bin fast 86 Jahre alt, ist doch in Ordnung, oder?) Nach dem Autokauf spendierte er mir ein Eis, und für mich war die Welt in bester Ordnung.

Doch später ...

Was für ein Spaß, dachte ich, als wir an diesem Abend nach Hause fuhren. Ich war mir sicher, dass unsere ganze Familie vor der Haustür warten würde, um uns nach unserem perfekten Tag zu begrüßen, doch meine 73 Jahre alte Großmutter (im jüdischen Sprachgebrauch Bubby genannt), war erkrankt, und alle Tanten und Onkel waren bei uns zu Hause und warteten auf den Arzt (damals machten Ärzte noch Hausbesuche).

Zur damaligen Zeit war man mit 73 Jahren *wirklich* alt, und in unserem Viertel wohnten viele wirklich alte Menschen. Viele dieser Männer und Frauen waren Einwanderer, die nie richtig Englisch gelernt hatten, und inzwischen hatten die meisten von ihnen Gedächtnisprobleme, die man als Alterserscheinung bezeichnete.

Ich konnte nie verstehen, warum sie nicht hörten, was ich zu ihnen sagte, oder warum sie mir so komische Antworten gaben. Und viele von ihnen konnten kaum gehen.

Damals gab es nur sehr wenige Altenheime, und die meisten dieser *wirklich alten* Menschen wohnten bei ihren Familien und wurden von ihnen gepflegt. Häufig wurden sie in einem Schlafzimmer vor dem Rest der Welt verborgen. Und dann schienen diese betagten Nachbarn mit alarmierender Häufigkeit plötzlich zu verschwinden.

»Ma?«, fragte ich.
»Bernard?«
»Was ist mit Mrs. Lefkowitz passiert?«
»Ach, Bernard ...«
»Ja?«
»Bernard, sie ist gestorben.«
»Gestorben? Was ist ›gestorben‹?«
»Darüber können wir jetzt nicht sprechen. Wenn du ein bisschen älter bist ...«
»Darf ich noch was fragen?«
»Bernard?«
»Was ist mit Mr. Bernescu passiert? Dem Besitzer des Fotogeschäfts? Ich habe ihn seit etwa zwei Wochen nicht mehr gesehen.«
»Ach, er ist vor zwei Wochen gestorben.«
»Das verstehe ich nicht.«
»Wenn du älter bist, wirst du es verstehen. Jetzt brauchst du dir um solche Dinge keine Sorgen zu machen.«
»Und was ist mit Mrs. ...?«
»Bernard!«

Nach dieser Unterhaltung fragte ich jeden, den ich kannte, was »gestorben« bedeutete. Schließlich erfuhr ich von einem netten älteren Mann, der an einer Straßenecke saß und eine Konservendose mit ein paar Pennys in der Hand hielt, dass das Wort, nach dem ich suchte, Tod lautete.

Als ich meine Mutter nach dieser unkonventionellen Belehrung mit meiner Erkenntnis konfrontierte, sagte sie: »Bernard, wie gut für dich, dass du wissbegierig bist, das wird dir in deinem Leben von großem Nutzen sein.«

Das war alles.

Um aber fair zu sein: Zu jener Zeit schwiegen die meisten Eltern, wenn es um dieses Thema ging.

Ich habe es nie ganz verstanden. Wovor wollten sie uns schützen? Gott behüte, dass wir Kinder in so jungen Jahren von Dingen wie dem Tod erfuhren! Und die Feststellung, dass ich mir »jetzt über solche Dinge keine Sorgen zu machen brauchte?« Wie bedauerlich! Wir müssen mit unseren Kindern schon in jungen Jahren über den Tod und die Bedeutung sprechen, die er in unserem Leben hat. Es ist ein gutes Wort, weil der Tod real ist, und wenn wir begreifen, was er mit unserer Lebensreise zu tun hat, kann diese Reise deutlich glücklicher verlaufen, weil unser Fokus während der Reise darauf liegen wird, jeden Tag zu einem glücklichen Erlebnis zu machen.

Übrigens stellte ich meinem Vater, dem klugen Mann, die gleiche Frage, nachdem ich die Antwort bereits erhalten hatte. Ich dachte mir, Ma müsste ihm etwas davon erzählt haben, aber ich wollte seine Antwort unbedingt hören:

»Dad, was bedeutet ›gestorben‹?«

Er runzelte die Stirn, dachte nach und sagte schließlich: »Lies die Zeitungsseite mit den Witzen.«

»Aber ...«

»Glaub mir. Du erfährst mehr über das Leben und ... anderes, wenn du die Witzseite liest.«

Mein Dad liebte die Witzseite – die Comics in der Zeitung. Er hatte Humor. Würde er heute noch leben, dann würde er mich immer noch auffordern, die Antworten auf alle großen Lebensfragen auf den Comicseiten zu suchen.

Später, als ich im Alter von 14 Jahren von meiner ersten Beerdigung zurückkam, fragte ich meinen Vater erneut. Er forderte mich auf, mich hinzusetzen, und schlug die Seite mit den Todesanzeigen der *Detroit News* auf. Er sagte: »Sohn, ich möchte, dass du dir jeden dieser Namen ansiehst und schaust, was über den Tod dieser Menschen gesagt wird.«

Dann deutete er auf die zahlreichen Anzeigen und las Dinge vor wie: »Dieser Mann ist an einer Lungenentzündung gestorben.« – »Dieser an Krebs.« – »Dieser hatte einen Herzinfarkt.« Er sagte, dies seien alles natürliche Todesfälle gewesen. Doch in keiner der Anzeigen stand, dass der Betroffene aufgrund seiner schweren Arbeit gestorben war.

Wir sprachen darüber, wie ihre Familien und Freunde ihnen wohl während der letzten Phase beigestanden hatten.

Und dann sagte er: »Sohn, denk immer daran, dass unsere Hauptaufgabe im Leben darin besteht, anderen zu helfen, einen guten Weg zu finden, denn egal, wie rein und selbstlos deine Absichten sind, der Mensch, dem du helfen willst, könnte deine Motive aus unterschiedlichen Gründen für eigennützig halten.«

Das waren tiefgründige Worte, an die ich mich bis heute erinnere.

Wenn wir schon beim Thema sind. Das Folgende ist ein Zitat einer Achtzigjährigen: »Wenn du stirbst, kümmert Gott

sich um dich, wie es deine Mutter getan hat, als du am Leben warst, nur brüllt er dich nicht ständig an.«
Das nur so nebenbei.
Weiter geht es. Beziehungsweise zurück zu meinem Traum.
Es war mitten in der Weltwirtschaftskrise, und viele unserer Familienangehörigen und Freunde waren sehr arm. Häufig teilten wir uns die Wohnungen und die Lebensmittel, und wir machten unsere eigenen Späße.
Hier ein interessanter Gegensatz:
Heute leben wir in einer Welt von Gewaltvideos und brutalen Videospielen.
Mit den Jahren scheint unsere Gesellschaft zu vergessen, wie viel Gewalt und wie viele Morde sich damals, zur Zeit meiner Kindheit, ereigneten, und zwar aufgrund der wirtschaftlichen Probleme, mit denen wir zu kämpfen hatten, aber auch aufgrund des wachsenden religiösen Hasses in jener Epoche.
Mein Vater hatte das Glück, eine sehr gute Anstellung in der Lebensmittelindustrie zu haben, die eine schwierige Phase durchmachte, weil das Land wirtschaftlich zu kämpfen hatte, aber auch, weil einige Gewerkschaften nicht vor Mord und Einschüchterung zurückschreckten, um Arbeiter und Firmen zu zwingen, sich ihnen anzuschließen. Ich kann mich noch immer daran erinnern, jeden Abend um 18 Uhr in unserer Wohnung am Fenster gestanden zu haben, die Nase in der Hoffnung gegen die Scheibe gedrückt, dass mein Vater sicher von der Arbeit nach Hause kommen würde.
Ich habe bereits erwähnt, dass dies für mich eine äußerst glückliche und erfüllende Zeit war, aber auch eine sehr beängstigende.
Wegen des Jobs meines Vaters war unsere Wohnung jeden Freitagabend voll von armen Verwandten und Freunden. Ich

beobachtete interessiert, wie meine Eltern ihnen Geld und Lebensmittel schenkten, die sie aufgrund von Vaters Arbeit erhalten hatten. Rückzahlungen akzeptierte mein Vater nie, und als ich ihn nach dem Grund fragte, wiederholte er die bereits erwähnten Worte, die ich nie vergessen werde: »Hilf anderen, einen glücklichen Weg zu finden.«
Mit einem Mal war die Welt in Ordnung. Alles war so »richtig« und »gut«, weil sowohl meine Mutter als auch mein Vater so großzügig waren, dass mir klar wurde, was für besondere Menschen sie waren.
Und schließlich begriff ich.
Sie beschützten mich nicht, sondern sorgten dafür, dass ich so sorgenfrei wie möglich aufwuchs, in einem glücklichen Zuhause, mit guten Werten. Damit konnte ich, als ich älter wurde, anderen den Weg aufzeigen.
Ich war nicht mit allem, was sie mir sagten, einverstanden, aber heute ist mir klar, was für ein Glück ich als Kind hatte.
Und dann wachte ich im Augenblick meiner Erleuchtung plötzlich auf.
Was für ein Timing! Ich wollte die Wärme meines Elternhauses nicht verlassen. Ich hatte Tränen in den Augen. Die Erinnerung an meine Eltern, die so jung gestorben sind, beschäftigte mich. Erschreckt setzte ich mich im Bett auf, und in diesem Moment wurde mir klar, dass ich selbst ein *wirklich alter Mensch* war – wie die meisten meiner Freunde. Ich unterschied mich nicht von den anderen Senioren, mit denen ich als kleines Kind zusammengelebt hatte.
Und ich fing an zu weinen ...

WEISHEITS-NUGGET #3

Bewahren Sie sich Ihre Gesundheit, damit Sie aktiv und kreativ bleiben können. »Ruhestand« bedeutet nicht, das Leben aufzugeben.

Man braucht sich nicht zu bemitleiden, wenn die Jugend vorbei ist.

Großmutter Moses fing mit achtzig an zu malen. Ronald Reagan wurde erst mit 61 Jahren Gouverneur von Kalifornien. Mahatma Gandhi wurde erst im fortgeschrittenen Alter Anführer der indischen Unabhängigkeitsbewegung. Charlie Chaplin, Clint Eastwood und andere arbeiteten mit über siebzig und darüber hinaus als Filmregisseure. Frank McCourt, der Autor des Weltbestsellers *Die Asche meiner Mutter*, begann erst mit über sechzig mit dem Schreiben. Leonardo da Vinci erstellte mit über sechzig Jahren Skizzen, Leo Tolstoi schrieb noch mit siebzig Romane. Anthony Burgess, der Autor von *Uhrwerk Orange*, begann erst mit über vierzig Jahren zu schreiben. Michelangelo fertigte noch im Alter von über achtzig Jahren Skulpturen an.

Marvis Lingren begann mit über sechzig, Marathon zu laufen, und nahm viele Jahre lang weltweit an Marathonläufen teil. Mit 103 Jahren stellte Ben Levinsen bei der Seniorenolympiade Weltrekorde im Kugelstoßen auf.

Bernard Herzberg legte mit über achtzig Jahren seinen Universitätsabschluss in Deutsch, der Sprache seiner Vorfahren, ab. Davor hatte er die Sprache nie gesprochen.
Für diese Erfolgsmenschen war der Ruhestand natürlich keine Option.
Ich proste ihnen mit einem Glas herrlichen Rotwein zu – der ist gut für den Blutdruck, Sie wissen schon.
Manchmal träume ich von meinen jungen Jahren, dann wache ich auf und bin nach dem Rückblick auf meine Jugend wieder alt und bemitleide mich. Und dann geht es wieder vorbei.
Haben Sie sich je bemitleidet? Ist es vorübergegangen? Selbstverständlich, so, wie Ihre Jugend vergangen ist. Und Ihre besten Jahre vergehen werden, und Sie eines Tages ...
Das ist ein kurzes Kapitel. Kurz wie das Leben.

WEISHEITS-NUGGET #4

Die Zeit fliegt dahin. Sorgen Sie dafür, dass jeder Augenblick zählt.

Hauptsächlich für meine Leser unter fünfzig sei wiederholt: DIE ZEIT VERGEHT SCHNELL.
Es heißt, wir Älteren würden uns an nichts erinnern, aber ich wiederhole es, bis *Sie* es ebenfalls wiederholen: DIE ZEIT VERGEHT SCHNELL.
In diesem Sinne: Erlauben Sie mir, dass ich Ihnen, meinen Lesern, die Hand in Freundschaft reiche.
Weil man wirklich nicht weiß, was man nicht weiß, bis man es weiß (versuchen Sie, das dreimal schnell hintereinander zu sagen). Sie sind in Ihren besten Jahren. Glauben Sie mir, Sie werden es später merken.
Und ich habe die Weisheit erlangt, um Sie unbeschadet zu dieser Erkenntnis zu führen. Ein großer Vorteil, wenn man uralt ist.
Sie haben mich verstanden?
Der Kernspruch unter uns lautet, dass ein Mensch in dem Moment, in dem er geboren wird, zu sterben beginnt.
Sie werden in diesem Buch jede Menge augenzwinkernden Humor finden, aber lassen Sie uns für einen Moment ernst sein: Das Leben ist voller Herausforderungen. Es kann schwierig sein und die Menschen niederdrücken. Man muss stark sein. Aber ebenso wichtig ist es, klug zu sein.

Beispiele:

Dr. Nancy Snyderman, die Medizinredakteurin der *NBC Nightly News,* berichtete von ihren Erfahrungen, als sie sich plötzlich um ihre betagte Mutter kümmern musste. Und sie erzählte, dass sie trotz der langjährigen Berichterstattung über medizinische Themen schlecht darauf vorbereitet war, mit den organisatorischen Problemen des mütterlichen Alterns umzugehen. »Pflegende versorgen die Patienten im Durchschnitt zwanzig Stunden pro Woche«, sagte sie, »aber viele sind der Meinung, dass es sich nach mehr anfühlt. Und wie ich muss etwa die Hälfte der Betroffenen diese Verantwortung mit einem Vollzeitjob unter einen Hut bringen.«

Zwar schicken uns unsere Versicherungsgesellschaften und die staatlichen Gesundheitsorganisationen jährlich dicke Hefter mit detaillierten Informationen über unseren aktuellen Versicherungsschutz zu, doch man müsste Jurist sein, um die zutreffenden Interpretationen einiger dieser Bestimmungen und Regulierungen herauszufinden – das heißt, es ist buchstäblich unmöglich.

Darüber hinaus führt die schlechte Kommunikation zwischen Arztpraxen und den Anbietern der für die Behandlung notwendigen Arzneimittel häufig zu massiven Zahlungen aus eigener Tasche, wenn man Behandlungsverzögerungen vermeiden will.

Und das geht so weiter, als wäre es nicht schwierig genug, mit dem bevorstehenden Tod eines geliebten Menschen umzugehen.

Als ich kürzlich einen 89-jährigen Ruheständler interviewte, fragte ich ihn, was er für den größten Fehler seines Lebens halte.

Er sagte mir, er bereue es sehr, nicht mehr Zeit zum Knüpfen persönlicher Beziehungen aufgewendet zu haben, um die Einsamkeit zu verhindern, die er nun spüre – obwohl er eine wunderbare Frau und Familie habe.
Es ist so traurig, ältere Menschen zu beobachten, die keine engen Freunde haben, die sie besuchen, mit denen sie ihre Lebenserfahrungen austauschen und denen sie vertrauen können. Das erinnert mich an folgende alte Geschichte:

> Ein achtzigjähriger Mann sitzt auf einer Bank im Central Park. Es ist fünf Uhr am Nachmittag, und er weint. Eine junge Geschäftsfrau kommt auf ihrem Heimweg vorbei, geht zu ihm und erkundigt sich, was los sei und warum er weine.
> Er antwortet: »Es ist schrecklich. Meine erste Frau ist genau heute vor einem Jahr gestorben, und ich erinnere mich, wie schwierig es für mich war, ihre Angelegenheiten zu regeln. Jetzt bin ich mit einer umwerfenden blonden und blauäugigen Frau verheiratet, die mich sehr gut versorgt. Sie ist so jung wie Sie. Sie kocht mir wunderbare Mahlzeiten und geht mit mir zum Essen, ins Theater und so weiter. Sie hält das Haus sauber, und wir führen eine schöne körperliche Beziehung.«
> Die Frau ist erstaunt und sagt: »Und warum weinen Sie dann?«
> Er antwortet: »Ich weiß nicht mehr, wo wir wohnen.«

Mit anderen Worten: Lieben Sie Ihre Angehörigen, und genießen Sie das Leben, solange Sie es können. Es geht schneller – viel schneller – vorbei, als Sie denken.

Laut eines Artikels in der *New York Times* kümmern sich fast 40 Prozent der US-Amerikaner um einen Angehörigen mit gravierenden gesundheitlichen Problemen. Diese Pflegenden, so hieß es in dem Artikel, »sind wahrscheinlich selbst in einem schlechten Gesundheitszustand und bringen sich um ihre eigene finanzielle Zukunft«.

Tatsächlich wachsen die Sorgen hinsichtlich der Zahl junger Männer und Frauen oder Menschen mittleren Alters, die nicht mehr in Voll- oder Teilzeitjobs arbeiten können, weil sie ihre alternden Familienangehörigen pflegen müssen.

Und was dann?

Denken Sie über folgenden beängstigenden Bericht nach, der am 27. September 2013 in der Zeitschrift *The Week* erschien:

»In einer Umfrage wurden 2250 US-Amerikaner aufgefordert, ein Alter zu nennen, in dem sie für immer mit gutem Gesundheitszustand leben könnten. Das bevorzugte Alter lag im Durchschnitt bei fünfzig Jahren. Tatsächlich setzt etwa in diesem Alter in unseren Körpern und Gehirnen eine Beschleunigung des Alterungsprozesses ein, und wir sollten uns intensiv bemühen, die letzte Phase unseres Lebens zu planen … Allerdings sieht der Durchschnittsbürger das leider anders.«

Wir erwarten zwar alle, ein langes und erfülltes Leben zu führen, doch die Natur hat die Angewohnheit, die Lebensreise durch Unfälle, Krankheiten, Geburtsfehler, Verbrechen, Krieg, Terror und so weiter zu beeinträchtigen und zu verkürzen. Aber wir erfahren alle auch positive Dinge, und die Lebens- und Todeserfahrung als Ganzes sollte uns inspirieren, die Freude am Leben zu finden.

Sie glauben mir nicht? Dann lesen Sie weiter.

WEISHEITS-NUGGET #5

Das Leben ist kein Kampf; es ist eine Reise, und wenn Sie jede Etappe gut vorausplanen, werden Sie triumphieren.

In meinem ersten Jahr an der Universität von Michigan begann ich, mich für William Shakespeares Theaterstücke zu begeistern. In einem seiner bekanntesten Stücke, *Wie es euch gefällt*, zählt er auf, was er für die sieben Phasen des Lebens hält:

»Die ganze Welt ist Bühne
Und alle Frau'n und Männer bloße Spieler.
Sie treten auf und geben wieder ab,
Sein Leben lang spielt einer manche Rollen
Durch sieben Akte hin. Zuerst das Kind,
Das in der Wärtrin Armen greint und sprudelt;
Der weinerliche Bube, der mit Bündel
Und glattem Morgenantlitz wie die Schnecke
Ungern zur Schule kriecht; dann der Verliebte,
Der wie ein Ofen seufzt, mit Jammerlied
Auf seiner Liebsten Braun; dann der Soldat,
Voll toller Flüch und wie ein Pardel bärtig,
Auf Ehre eifersüchtig, schnell zu Händeln,
Bis in die Mündung der Kanone suchend
Die Seifenblase Ruhm. Und dann der Richter

Im runden Bauche, mit Kapaun gestopft,
Mit strengem Blick und regelrechtem Bart,
Voll weiser Sprüch und Allerweltssentenzen
Spielt seine Rolle so. Das sechste Alter
Macht den besockten, hagern Pantalon,
Brill auf der Nase, Beutel an der Seite;
Die jugendliche Hose, wohl geschont,
'ne Welt zu weit für die verschrumpften Lenden;
Die tiefe Männerstimme, umgewandelt
Zum kindischen Diskante, pfeift und quäkt
In seinem Ton. Der letzte Akt, mit dem
Die seltsam wechselnde Geschichte schließt,
Ist zweite Kindheit, gänzliches Vergessen,
Ohn Augen, ohne Zahn, Geschmack und alles.«

— Übersetzung von August Wilhelm Schlegel

Diese weisen Worte sind heute noch so wahr wie damals, als sie geschrieben wurden, und wir sollten sie alle beherzigen, wenn wir unser Leben planen.

In den folgenden Kapiteln dieses Buches werden wir auf jede dieser Phasen eingehen und hoffentlich Einblicke in die Herausforderungen einer jeden gewinnen.

Dabei sollten Sie bitte Folgendes beachten:

- Beginnen Sie früh, die Reise zu planen, und nehmen Sie mit fortschreitendem Alterungsprozess regelmäßig Anpassungen vor.
- Bedenken Sie immer, welche Last Sie Ihren Angehörigen während des Alterungsprozesses aufbürden werden; dazu zählt auch die sehr schwierige Entscheidung, Ihre Unabhängigkeit teilweise oder ganz aufzugeben.

◐ Ob Sie nun mit einer lebensbedrohlichen Krankheit oder lediglich mit fortschreitendem Alter konfrontiert sind, verweigern Sie sich der Wahrheit nicht. Arbeiten Sie daran, sich eine positive Einstellung zu bewahren, und sprechen Sie offen mit Ihrer Familie oder Freunden über alle mit der Alterung verbundenen Fragen.

Ein Artikel in der *Los Angeles Times* aus dem Jahr 2013 berichtete von einer Familie, deren religiöse Einstellung zu Folgendem führte: Als die Familie erfuhr, dass einer der Angehörigen an einer tödlichen Krankheit litt, instruierte sie die Ärzte des erkrankten Mannes und alle, die mit ihm zu tun hatten, ihm die Wahrheit nicht zu sagen. Tatsächlich sagten sie ihm, als er sie fragte, warum die Behandlung allem Anschein nach nicht anschlage, dass sie doch wirke und er wieder genesen werde.

Wie traurig ist es, einem sterbenden Menschen das Recht und die Chance vorzuenthalten, über seine oder ihre Zukunft zu entscheiden und die Gelegenheit zu bekommen, bis zum Ende mit hoher Lebensqualität zu leben. Noch trauriger ist es, dem Sterbenden das Recht zu verweigern, sich von seinen Lieben verabschieden zu können.

Hier eine lustige, aber wahre Geschichte:

> Anlässlich ihrer goldenen Hochzeit wurden Martha und David (Namen geändert, um die gar nicht so Unschuldigen zu schützen), beide Ende achtzig, vom lokalen Radiosender interviewt. Der Reporter fragte sie: »Wenn Sie noch mal von vorn anfangen könnten, würden Sie sich noch einmal heiraten?«

Beide antworteten: »Ja, zweifellos.«
»Und wenn Sie noch einmal von vorn anfangen könnten, würden Sie den gleichen Lebensstil führen?«
Und wieder bejahten sie die Frage.
»Was ist mit Kindern? Wenn Sie es noch einmal zu entscheiden hätten, würden Sie Kinder bekommen?«
Ohne zu zögern, rief Martha aus: »Ja, aber nicht dieselben!«

Leben Sie! Planen Sie! Werden Sie alt! Und leben Sie weiter! Bis es vorbei ist. Hoffentlich bleibt Ihnen noch viel Zeit, bis dahin.
Sollen wir ins Detail gehen?
Falls ich Ihnen das erklären muss ...

Leben Sie!

Ich habe einen guten Freund, dessen Vater im relativ jungen Alter von siebzig Jahren starb. Die beiden standen sich so nahe, wie sich Vater und Sohn nur stehen können. Mein Freund hat zwei Brüder, und seine Mutter ist zum Glück gesund.

Sein Vater pflegte zu sagen: »Das Leben geht so schnell vorbei. Wo sind nur all die Jahre hin?« Genau das sage ich auch immer.

Die Zeit wird kommen – gewöhnlich geschieht dies, statistisch gesehen, bei den meisten Menschen um das Alter von fünfzig Jahren herum –, in der einem plötzlich klar wird, dass man sich der letzten Lebensphase nähert.

Ab diesem Zeitpunkt folgt in der Regel ein wahres Rennen des Bedauerns, des Hetzens und der Planung der Liste von

Dingen, die man vor dem Lebensende noch tun möchte. Und wie kämpfen wir gegen diesen plötzlichen Anfall von »Oh, verdammt!« an?

Leben Sie!

Leben Sie ein reiches und erfülltes Leben, und verbringen Sie Ihre Jahre so glücklich und gesund wie nur möglich. Es wird Hindernisse geben, aber sie werden wieder verschwinden. Machen Sie Ihre Reise so lohnenswert wie es geht.

Tun Sie es so gut wie möglich, aber achten Sie darauf, das Folgende zu berücksichtigen:

- Falls Ihre Familie weit entfernt wohnt, stellen Sie sicher, dass Sie in Ihre Pläne auch Ihre Freunde und/oder Gemeindemitglieder und/oder Organisationen und/oder Nachbarn etc. einbeziehen. Sie verstehen schon, was ich meine.
- Beziehen Sie stets auch Ihre Pflegekräfte und Ärzte ein, weil diese für den Fall, dass etwas passiert, Ihre Kontaktpersonen kennen müssen.
- Machen Sie es sich darüber hinaus zur Gewohnheit, so viele Artikel übers Älterwerden zu lesen wie nur möglich, damit Sie weiterhin über alle damit verbundenen Fragen informiert bleiben.

Planen Sie!

Weil eine gute Gesundheit der Schlüssel für ein gutes Leben ist ...

Alle Erwachsenen müssen möglichst früh einen Plan zur Gesundheitsvorsorge aufstellen, in dem ihre Wünsche klar definiert werden, sollten sie schwer erkranken oder sollte ein tragisches Ereignis stattfinden, das sich auf ihre Lebenserwartung auswirkt.

Beides kann in Ihrem Leben durchaus der Fall sein. Ihr Plan sollte Folgendes umfassen: eine Patientenverfügung, eine Vorsorgevollmacht, eine Betreuungsverfügung.

In diesen wird angegeben, wer für Sie Entscheidungen treffen soll, falls Sie dazu nicht mehr in der Lage sind:

- Es sollte auch eine Verfügung enthalten sein, welche minimale Lebensqualität Sie akzeptieren, wenn es um die Entscheidung der Beendigung lebensverlängernder Maßnahmen geht.
- Es sollte klar definiert sein, wer, in absteigender Reihenfolge, für Entscheidungen in Ihrem Namen verantwortlich ist. Achten Sie darauf, dass die angegebene Person in der Nähe Ihres Wohnorts lebt. Sowohl Sie selbst als auch alle Familienmitglieder müssen besprechen und sich einigen, *wer* im Fall einer ernsten Erkrankung *wofür* verantwortlich ist. Dieser Prozess muss fortgesetzt und die Verfügungen regelmäßig aktualisiert werden. Im Fall von Meinungsverschiedenheiten könnten Sie einen erfahrenen Fachmann hinzubitten, der Ihnen bei diesem Prozess behilflich ist.

Bei der Planung der gesundheitlichen Bedürfnisse sollten Sie beachten, dass in den USA langfristige Gesundheitsversicherungen extrem teuer sind. Ein qualifizierter Finanzberater ist bei diesem Prozess ein Muss.

Harold Bermudez, der Geschäftsführer einer großen Pflegeeinrichtung in Südkalifornien, teilte mir kürzlich seine größte Sorge mit. Nämlich dass das Durchschnittseinkommen der meisten US-Amerikaner im Laufe der kommenden

Jahre erneut deutlich sinken würde. Kosten für Weltereignisse wie Kriege müssten am Ende bezahlt werden und würden letztlich negative Auswirkungen auf den Geldbeutel der US-Bürger haben.

Bermudez erwartet eine wirtschaftliche Katastrophe, die sich wieder einmal auf unsere finanzielle Fähigkeit auswirken wird, in Langzeitpflegeeinrichtungen unterzukommen, und die den Druck auf die Familie und enge Freunde erhöhen wird, eine Möglichkeit für die Betreuung der Betagten in ihrem Zuhause zu finden.

Erlauben Sie mir, einen Augenblick zur Patientenverfügung zurückzukehren:

- Sie müssen einen vollständigen, leicht zugänglichen Ordner mit Ihrer Krankengeschichte zusammenstellen, der medizinische Untersuchungsergebnisse und Behandlungen enthält (auch diejenigen, die Ihnen nicht geholfen haben). Stellen Sie auch sicher, dass Sie mit Ihrer Familie die Krankengeschichte der Familie besprechen und dokumentieren.
- Dokumentieren Sie Ihre Wünsche für Ihre Beerdigung und/oder Ihre bevorzugten Pläne.
- Investieren Sie frühzeitig in eine Versicherung für Ihre Langzeitversorgung. Sie könnte die beste Investition überhaupt sein.

Werden Sie alt!

Wenn Sie diese Empfehlungen befolgen, werden Sie sich später sehr viel Stress ersparen, und weniger Stress wird Ihnen helfen, in Würde zu altern.

Und zögern Sie nicht, soziale Kontakte mit Menschen zu pflegen, die jünger sind als Sie. Das Alter sollte niemanden davon abhalten, ein glückliches Leben zu führen. Das gilt für Jung wie für Alt.

Der Tod

Irgendwann wird es so weit sein.
In diesem Sinne freue ich mich darauf, Sie, meine Leser, auf der anderen Seite zu treffen. Wir werden uns bei meiner ersten Signierstunde im Himmel sehen – Adresse wird nachgereicht.
Aber denken Sie daran, zuerst zu leben. Ich liefere Ihnen den Strategieplan. Der Rest liegt bei Ihnen.

WEISHEITS-NUGGET #6

Das Sehvermögen wirkt sich auf alles aus, was wir tun.

Sagte der kleine Junge: »Manchmal lasse ich meinen Löffel fallen.«
Sagte der alte Mann: »Das passiert mir auch.«
Der kleine Junge flüsterte: »Ich mache mir manchmal in die Hose.«
»Das passiert mir auch«, lachte der kleine alte Mann.
Sagte der kleine Junge: »Ich weine oft.«
Der alte Mann nickte. »Ich auch.«
»Aber das Schlimmste von allem ist«, sagte der Junge, »dass die Erwachsenen mich scheinbar gar nicht beachten.«
Er spürte die Wärme einer faltigen alten Hand. »Ich weiß, was du meinst«, sagte der kleine alte Mann.

— Shel Silverstein, *The Boy and the Old Man*

Die Bedeutung der Sinne – insbesondere des Sehvermögens – kann gar nicht genug hervorgehoben werden. Haben Sie jemals einen Raum voller Leute betreten, oder sind Sie in ein Meeting gegangen und hatten sofort einen Überblick über die dort Versammelten, der es Ihnen ermöglicht hat, die in diesem Umfeld herrschende Stimmung und Energie instinktiv zu spüren, zu sehen und zu erfassen?

Allzu oft sind wir nicht in der Lage, das zu erkennen, was wir direkt vor Augen haben. Eltern sind so sehr damit beschäftigt, den Lebensunterhalt zu verdienen, ihre Kinder großzuziehen und auszubilden und sich zugleich um ihre alternden Eltern zu kümmern, dass sie gar nicht lange genug innehalten, um zu erkennen, welche Sorgen ihre Kinder haben.

Unsere alternden Eltern wollen nicht erkennen, dass sie Probleme mit der Mobilität und andere körperliche Einschränkungen haben, die sie in Gefahr bringen könnten. Sie sehen nicht, dass sie ihre Unabhängigkeit aufgeben und anfangen müssen, sich auf andere zu verlassen.

Noch trauriger ist, wie häufig alle Beteiligten das Offensichtliche sehen, aber nicht über ihre Ängste sprechen. Man denke nur daran, dass eine der häufigsten Todesursachen bei Menschen über sechzig Jahren Komplikationen nach Stürzen in den eigenen vier Wänden sind.

Welche Vorkehrungen haben Sie und Ihre Angehörigen getroffen, um sich vor der Gefahr zu schützen, in die Sie sich dadurch bringen, dass Sie sich weigern, das Offensichtliche zu sehen? Haben Sie sich mit Ihren Angehörigen hingesetzt, um offen und ehrlich über diese Themen zu diskutieren?

Es ist nie zu früh zu lernen, wie Sie dafür sorgen, dass Sie im fortgeschrittenen Alter angenehm und sicher leben können. Sie werden herausfinden, dass es auf unserer Lebensreise – von der Geburt bis zum Tod – viele gar nicht so offensichtliche Gefahrenzonen gibt, die wir lieber schon früh ins Auge fassen und deren Vermeidung wir planen sollten.

Ich erinnere mich daran, dass eines der größten Vergnügungen meiner Familie, als ich als kleines Kind in Detroit lebte, darin bestand, von unserem Haus im Nordwesten der Stadt zur Belle Island zu fahren, die viele Kilometer entfernt lag. (Zu jener Zeit gab es noch keine Autobahnen.)

Damals war es ein Ort, an dem alle möglichen Winter- und Sommeraktivitäten stattfanden – einschließlich Wassersport, Bootfahren, Schlittschuhlaufen und Feuerwerke vom Fluss aus. Außerdem gab es ein großes Amphitheater, in dem bekannte Persönlichkeiten auftraten. Besonders beeindruckt und fasziniert war ich vom großen Leonard Bernstein, der dort häufig auftrat.

Während meine Familie seine Darbietungen liebte, war ich von seiner Art zu dirigieren hingerissen. Er bewegte die Arme und Beine so harmonisch und schien einen geheimnisvollen Gesichtsausdruck zu haben.

Als ich dies den anderen gegenüber erwähnte, sagten sie, dass sie diese Dinge gar nicht bemerkt, weil sie sich auf die Musik konzentriert hätten. Ich habe diese Faszination nie vergessen, und einige Jahre später, nach Leonard Bernsteins Tod, erschien in *The New York Times* ein langer Artikel über ihn, in dem ein Musikkritiker schrieb, nur wenige Menschen hätten bemerkt, dass das, was Mr. Bernstein von anderen unterschied und zu einem solchen Meister hatte werden lassen, die ganze körperliche und geistige Hingabe beim Dirigieren des Orchesters gewesen sei.

Wie viel Zeit verbringen wir im Laufe des Lebens damit, unsere Freunde und Angehörigen zu beobachten? Erfassen wir wirklich, wie unsere alternden Eltern ihr Leben bewältigen, oder sind wir so froh zu sehen, wie sie ihren Alltag im Griff haben, dass wir nicht erkennen, wie unglücklich sie dabei sind?

Sind wir so mit anderen Dingen beschäftigt, dass wir uns nicht die Zeit nehmen, einen Schritt zurückzutreten und tatsächlich hinzuschauen und die Emotionen zu *spüren*, die in unserem Alltagsleben eine Rolle spielen? Ich glaube, es ist so.

Der Besitzer einer großen amerikanischen Möbelfabrik reiste nach Ungarn, um dort Material für seine Firma zu kaufen.

Als er ein Restaurant verließ, kam ihm eine sehr schöne Frau entgegen, die ihn anlächelte. Er erwiderte das Lächeln und versuchte, ihre Bekanntschaft zu machen, doch aufgrund der Sprachschwierigkeiten verstanden sie einander nicht.

Er zeichnete ein Auto, und sie nickte zustimmend, deshalb unternahmen sie eine Fahrt in seinem Wagen.

Er zeichnete eine Bar, und sie nickte zustimmend, deshalb gingen sie in eine Bar und nahmen ein paar Drinks.

Er zeichnete ein tanzendes Paar, deshalb gingen sie zur Tanzfläche und tanzten.

Dann gab sie ihm zu verstehen, dass sie seinen Block und seinen Stift haben wollte, und sie zeichnete ein Himmelbett. Er war verwirrt und setzte sie an der Stelle ab, wo alles begonnen hatte.

Am nächsten Tag erzählte er einem Freund von seinem Erlebnis mit der schönen Frau und sagte: »Ich frage mich: Woher wusste sie, dass ich in der Möbelbranche tätig bin?«

Vor Kurzem ging ich mit der Familie einer an Alzheimer erkrankten Frau in eine Einrichtung für betreutes Wohnen, in der sie soeben untergekommen war. Unterwegs deutete eine Person aus unserer Gruppe auf die schönen Möbel, den hübschen Speisesaal und die kostbaren Gemälde an der Wand.

»Wie schön ist es, hier zu leben!«, rief sie aus. Und ich fragte sie: »Was ist mit den Menschen, den Bewohnern? Glauben

Sie, dass sie es genauso sehen wie Sie?« Es verschlug ihr die Sprache, als ihr auf einmal klar wurde, dass wir von Männern und Frauen umgeben waren, die keine Gefühle zeigten, die in ihrer eigenen Welt verloren waren und für die kein Unterschied zwischen Buckingham Palace und den finsteren Seitengassen New Yorks bestand.

Nichts regt mich mehr auf, als von Familien gesagt zu bekommen, dass ich mir das wunderbare Heim ansehen müsse, das sie für ihre alternden Eltern ausgesucht haben, oder die schöne Schule, in die sie ihre Kinder schicken.

Was hat das mit der schlechten Lebensqualität zu tun, die ich bei ihnen beobachte, oder mit der Art und Weise, wie Eltern ihre schulpflichtigen Kinder behandeln, wenn sie die schöne Schule als Babysitter missbrauchen?

Eine meiner Familienangehörigen ist eine engagierte Lehrerin, die einige Kilometer von mir entfernt wohnt. Weil sie eine körperliche Beeinträchtigung hat, fällt es ihr schwer, weite Strecken mit dem Auto zurückzulegen. Ich besuche sie gern, und das war auch neulich wieder der Fall.

Die Schule war bereits aus, und sie hatte im Klassenzimmer für den nächsten Tag Vorbereitungen zu treffen, deshalb trafen wir uns in ihrer Schule und unterhielten uns, während sie noch ihre Arbeiten erledigte.

Vor dem Schulgebäude rannten viele Grundschüler unbeaufsichtigt herum, bewarfen sich gegenseitig mit Matsch, schrien, brüllten usw. – das alles auf dem Gelände einer schönen Schule in einem gehobenen Wohnviertel.

»Warum?«, fragte ich sie. Die Antwort lautete, dass die Eltern diese Schüler eben noch nicht abgeholt hätten.

Sind wir so blind gegenüber den Bedürfnissen so vieler Menschen? Wollen wir nicht erkennen, wie sehr wir darin versagen, die wahren Probleme zu begreifen und zur Sprache zu bringen, die den von uns Abhängigen selbst das kleinste bisschen Glück verwehren?

Ja, meine lieben Freunde, wir müssen innehalten und nicht nur sehen, was um uns herum los ist, sondern es auch verstehen und Maßnahmen ergreifen, um zu verhindern, dass wir unsere Lieben in dem, was wir als schöne Einrichtung bezeichnen, verkümmern lassen.

> »Das Verhältnis zwischen dem, was wir sehen, und dem, was wir wissen, ist nie eindeutig. Wir sehen die Sonne jeden Abend untergehen. Wir wissen, dass sich die Erde von ihr wegdreht, doch das Wissen, die Erklärung, passt nie wirklich zum Anblick.«
>
> — John Berger, *Ways of Seeing*

Als meine Enkelin Julie ihren Abschluss an der Universität von Austin, Texas, machte, sagte ich ihr im Spaß, sie müsse einen guten Job finden, damit sie für mich sorgen könne, wenn ich älter würde. Schlagfertig antwortete Julie lachend: »Das ist die Aufgabe meines Vaters.«

Sie hatte recht. Aber ich dachte daraufhin lange darüber nach. Wie hatte das alles angefangen? Wann hatte ich begonnen, alt zu werden? Wer sollte hier eigentlich für wen sorgen?

Im Rückblick erkenne ich, dass es – zumindest in meinem Fall – mit einem Warnschuss angefangen hatte. Aber dazu später mehr. Zunächst möchte ich noch ein wenig allgemeiner bleiben.

Mit fortschreitendem Alterungsprozess gibt es häufig Anzeichen für möglicherweise zukünftige gravierende Probleme, die wir und unsere Angehörigen zu ignorieren versuchen und dabei so tun, als handele es sich lediglich um normale Aspekte des Lebens. Doch wenn Angehörige schnell und ernsthaft darauf reagieren, können sie eine solche Herausforderung minimieren und/oder beheben, bevor sie sich zu einem echten Problem entwickelt.

Meine lieben Freunde, die Ärzte Judy Freier und Ron Reiter, hielten vor einer kleinen Zuhörerschaft einen Vortrag über die Bedeutung der fünf Sinne. Auf einmal lenkte Ron unsere Aufmerksamkeit auf ein Bibelzitat, in dem es heißt, dass zwar alle Sinne wichtig sind, dass aber das Sehvermögen einen zusätzlichen Nutzen habe, der den anderen Sinnen fehle.

Als die Gruppe fragte, welcher das sei, wies Ron darauf hin, dass es die Fähigkeit sei, die Dinge zu sehen und eine bessere Übersicht darüber zu behalten. So können Sie zum Beispiel in eine Menschenmenge blicken und jemanden sehen, der Ihre Aufmerksamkeit erregt, oder Sie können ein Kunstwerk betrachten, das Sie emotional anspricht. Sie können auf einen Berggipfel steigen und die Schönheit der Täler usw. betrachten.

Als ich 1983 an einem Geschäftstreffen in Kalifornien teilnahm, blickte ich durch den Speisesaal und sah meine zukünftige Frau Anna zum ersten Mal. Es war Liebe auf den ersten Blick.

Ich kann kein besseres Beispiel dafür anführen als das Gedicht »*Playing with Three Strings*«, das mein Freund und Mentor, Rabbi Harold Schulweis – in der jüdischen Gemeinde eine Legende – über den berühmten Geiger Itzjak Perlman verfasste:

»Wir haben Itzhak Perlman gesehen,
der die Bühne mit zwei Krücken und Beinschienen betritt.
Er setzt sich, öffnet die Schnallen an seinen Beinen, schiebt ein Bein zurück, streckt das andere aus,
legt seine Krücken ab und schiebt sich die Geige unter das Kinn.
Bei einer Gelegenheit riss eine der Saiten seiner Geige.
Die Zuhörer hielten den Atem an, aber der Geiger verließ die Bühne nicht.
Er machte dem Dirigenten ein Zeichen, und das Orchester begann mit seinem Part, der Geiger spielte mit Kraft und Intensität
mit nur drei Saiten.
Mit drei Saiten modulierte, veränderte und komponierte er das Stück, das er im Kopf hatte, um.
Er stimmte die Saiten neu, um unterschiedliche Töne zu erzeugen, verschob sie nach oben und unten.
Das Publikum schrie vor Begeisterung und tat seine Wertschätzung durch Applaus kund.
Später danach gefragt, wie ihm das gelungen sei, antwortete der Geiger:
Es ist meine Aufgabe, Musik mit dem zu machen, was bleibt.
Musik mit dem zu machen, was bleibt, ist ein größeres Vermächtnis als ein Konzert. Beenden wir das Lied, das uns zu singen bleibt, transzendieren wir den Verlust,
spielen wir mit Herz, Seele und Macht – mit all der in uns verbliebenen Kraft.«

Was für eine schöne Art, unser Leben zu leben, bis der Tod uns scheidet.

Wir leben das Leben wie ein Künstler vor unserem Publikum. Wir sehen unser Publikum, wie es uns sieht.
Unsere Familien und die uns Nahestehenden sind die wichtigsten Personen in unserem Publikum. Wir alle können die Symptome sehen, die uns sagen, dass unsere Angehörigen Probleme haben, auf die wir reagieren müssen, aber wir verschließen die Augen und tun so, als gäbe es sie nicht. Wir müssen uns das Konzert anhören, damit wir das Ergebnis beklatschen können. Als ich noch den Anfang dieses Kapitels schrieb, sprach ich mit einer Frau, die mich fragte, ob ich jemanden kennen würde, der gegen Kost und Logis in das Haus ihres 93 Jahre alten Vaters einziehen würde. Sie sagte, dass sie jemanden bräuchte, der sich um ihn kümmerte.
Als ich ihr die rechtlichen und anderen Folgen erläuterte, die eine Einstellung einer nicht ausgebildeten und nicht staatlich zugelassenen Pflegekraft mit sich brachte, antwortete sie schlicht: »So weit ist er noch nicht.«
Wie können wir nur übersehen, dass ein Mensch dieses Alters mehr als »so weit ist«?
Die Bedeutung der Sehkraft zeigt sich deutlicher, als uns klar ist, weil wir, wenn wir die Augen offen und nicht geschlossen halten, die Anzeichen möglicher Alterungsprobleme leicht erkennen und entsprechend handeln können.

Zeichen starken Alterns

- Verwirrtheit und ungewöhnliches Verhalten. Betreuungspersonen sollten ruhig bleiben und versuchen, die Ursache dieses Verhaltens herauszufinden.

- Plötzliche Wutausbrüche, die von Schreien und Brüllen begleitet werden.

  Die Person könnte Schmerzen haben, vielleicht an einer Gehirnschädigung leiden, sich einsam fühlen, verängstigt, gelangweilt, wegen ihres nachlassenden Gedächtnisses besorgt oder von zu viel Lärm irritiert sein.

  Wenn die Person nach jemandem aus ihrer Vergangenheit ruft, versuchen Sie, mit ihr darüber zu sprechen, um sie zu beruhigen. In jedem Fall sollten Sie den Hausarzt der Person wegen dieser Probleme zurate ziehen.

- Wiederholte Fragen, ungewöhnliches Handeln oder Bewegungen.

  Langeweile oder das Bedürfnis nach mehr Kontakt mit anderen könnte die Ursache sein. Es könnte das Ergebnis vieler Auslöser sein, darunter auch Stress, ein lautes Umfeld, Unbehagen und so weiter.

  Stellen Sie sicher, dass es der Person nicht zu heiß oder zu kalt ist, dass sie keinen Hunger oder Durst hat oder an Verstopfung leidet. Außerdem wäre es ratsam, ihren Hausarzt zu kontaktieren, um herauszufinden, ob irgendwelche Probleme mit Schmerzmitteln oder anderen Medikamenten vorliegen.

- Demenz
    - Verstecken oder Verlegen von Gegenständen
    - Belästigung von Menschen und ständige Telefonanrufe
    - Unsicherheit und Stürze
    - Nächtliches Herumwandern
    - Vergesslichkeit und Reizbarkeit

Viele oder alle diese Probleme könnten mit einer Alzheimer-Erkrankung oder anderen fortschreitenden Alterserscheinungen in Verbindung stehen, mit denen man, wenn man sie frühzeitig erkennt und entsprechend handelt, auf ruhige Art umgehen kann, anstatt dass man so lange wartet, bis sie schwierig zu lösen sind.

Wenn Sie allein leben (oder auch, wenn Sie mit Familienmitgliedern zusammenwohnen), ist es wichtig, dass alle um Sie herum darüber Bescheid wissen und diese Probleme ansprechen und nicht etwa so tun, als wäre alles in bester Ordnung.

Außerdem müssen wir, wenn wir älter werden, dafür sorgen, dass die Umgebung, in der wir leben, so sicher wie möglich gemacht wird. Wenn man bedenkt, dass jedes Jahr jeder dritte Mensch im Alter von über 65 Jahren stürzt, und dass nahezu 70 Prozent aller Todesfälle nach Unfällen bei Senioren die Folge eines Sturzes sind, dann wird einem klar, wie ernst das Problem ist.

Stürze führen zu Todesfällen oder mit hoher Wahrscheinlichkeit zur Notwendigkeit, in eine Pflegeeinrichtung eingewiesen zu werden, zu gravierenden Hüftschädigungen und dem Beginn aller möglicher Arten von lebensbedrohlichen Erkrankungen sowie zum Verlust der Mobilität.

Ich wiederhole: Schauen Sie hin! Die Anzeichen des Alterns dürfen nicht ignoriert werden.

Stürze

Das US-amerikanische Gesundheitsministerium schätzt, dass die mit Stürzen von Senioren verbundenen Kosten jährlich 27 Milliarden Dollar betragen und im Jahr 2020 bei über 43 Milliarden Dollar liegen werden.

Hier folgt eine Liste von Maßnahmen, die man ergreifen sollte, um die Gefahr eines lebensbedrohlichen Sturzes zu minimieren:

- Bringen Sie in Ihrem Badezimmer Haltegriffe und eine Toilettensitzerhöhung an, kaufen Sie rutschfeste Badematten, einen Badewannensitz oder -hocker und eine Handbrause für die Dusche.
- Entfernen Sie alle Teppiche aus Ihrer Wohnung. Sie sind Gefahrenquellen.
- Stellen Sie sicher, dass aller Krimskrams, einschließlich herumliegender Stromkabel, entfernt wird und dass sämtliche Bereiche, in denen Sie herumgehen, frei sind, um keine gefährlichen Situationen heraufzubeschwören.
- Achten Sie darauf, dass alle Treppen sicher sind und dass die Stufen mit reflektierendem Klebeband versehen werden, um das Treppensteigen so einfach wie möglich zu machen.
- Installieren Sie in allen Zimmern Nachtlichter.
- Vergewissern Sie sich, dass alle Stühle, einschließlich derjenigen auf Rollen, stabil sind und man sich sicher hinsetzen und wieder aufstehen kann. Barhocker und alte Küchenstühle sind besonders problematisch.
- Hohe Bücherregale sind gefährlich, und Dinge, nach denen Sie regelmäßig greifen, sollten auf den unteren Regalbrettern aufbewahrt werden.
- Vermeiden Sie es, lange, flatternde Gewänder und ausgetretene Hausschuhe zu tragen, weil man damit leicht stolpert.

Überlegen Sie sich gründlich, ob Sie einen Gehstock verwenden wollen, aber seien Sie beim Kauf wählerisch. Achten Sie darauf, dass er sehr stabil ist, die richtige Höhe hat und leicht auszubalancieren ist. Nicht alle Stöcke sind für Senioren geeignet.

Eine wichtige Anmerkung: Falls Sie erst kürzlich begonnen haben, Medikamente gegen hohen Blutdruck einzunehmen, haben Sie aufgrund von Schwindel und/oder einer Ohnmacht beim Stehen ein erhöhtes Risiko zu stürzen und sich den Oberschenkelhals zu brechen. Rufen Sie sofort Ihren Arzt an, wenn Sie solche Probleme feststellen. Bedenken Sie, dass Senioren, die zum Beispiel aufgrund einer Lungenentzündung für längere Zeit in ein Krankenhaus eingewiesen werden, ein erhöhtes Risiko haben, nach ihrer Entlassung ihre Unabhängigkeit aufgeben zu müssen und unter anderem aufgrund von Gedächtnisverlust, Stürzen und Depressionen zukünftig vielleicht in ein Pflegeheim oder eine andere Pflegeeinrichtung eingewiesen zu werden.

Während ich dieses Buch geschrieben habe, habe ich mit Betroffenen, Familienangehörigen von Senioren, Ärzten und anderen gesprochen, die wegen einer Erkrankung oder eines Sturzes im Krankenhaus oder in verschiedenen Einrichtungen waren, und sie haben mir alle berichtet, dass nach ihrer Rückkehr nach Hause viele oder alle der oben erwähnten Symptome aufgetreten sind.

Es hat den Anschein, als habe die Inaktivität während des langen Krankenhausaufenthalts und der Rekonvaleszenz bei älteren Menschen zahlreiche Auswirkungen.

Sterben Sie nicht, bevor Sie sterben müssen.

Der Tod. Muss ich Ihnen sagen, dass nichts ernster ist als der Tod? Ich denke nicht.

Sie sind noch jung, aber Sie sollten das Thema nicht ignorieren. Das wäre ein Riesenfehler. Der große Irrtum im Hinblick auf das Sterben besteht darin: Der Tod kommt nicht nur zu denjenigen, die aufhören zu atmen – der Tod kommt zu denjenigen, die aufhören zu leben. Die aufhören, glücklich zu sein.

Frank Bures schrieb in seinem wunderbaren Artikel in *The Rotarian* mit der Überschrift »Der Lohn der Risikobereitschaft« im Januar 2013:

»*Was ist die größte Bedrohung bei der Suche nach Glück? Nichts zu tun.*«

In diesem inspirierenden Artikel erzählt Bures die Geschichte von Dave Freeman, einem Autor, der eine ganze Reihe von Büchern über das Leben verfasste, darunter auch *100 Things to do before you die,* das viele Menschen ermutigte, ihr Leben zu planen, hinauszugehen und neue Abenteuer zu erleben. Er sagte: »Es [das Leben] ist eine kurze Reise, also kriegen Sie Ihren Hintern hoch und sorgen Sie für ein oder zwei fantastische Erinnerungen, bevor es vorbei ist.«

Dave hatte einen Unfall und starb im Alter von 41 Jahren. Aber bis dahin hatte er *gelebt*. *Gelebt* ist bewusst kursiv gesetzt.

Traurigerweise konnte Dave Freeman, der eine lange Liste von Dingen erstellt hatte, die er in seinem Leben unternehmen wollte, nur die Hälfte seiner Pläne in die Tat umsetzen, aber das tat er mit großer Motivation und Tatkraft:

> *»Ach, großartig ist es, an den Traum zu glauben,*
> *wenn wir in der Jugend im Sternenschein stehen,*
> *aber noch großartiger ist es, ein Leben lang zu kämpfen*
> *und am Ende zu sagen, dass der Traum wahr geworden ist.«*

Zwar denken die meisten Menschen, nur Senioren, die Ende sechzig oder älter sind, müssten sich über das Altern und den Tod Gedanken machen, Tatsache ist jedoch, dass wir tagtäglich von Krankheiten, Unfällen und anderen Situationen hören, an denen junge Menschen versterben.

Ein paar Beispiele:

Charles war 17 Jahre alt und besuchte die High School. Er plante, aufs College zu gehen und eine Karriere als Ingenieur zu machen, als bei ihm nach einer Zeit qualvoller Schmerzen Bauchspeicheldrüsenkrebs diagnostiziert wurde. Er starb kaum einen Monat später.

Sammy war Fußpflegerin und kam mit 25 Jahren bei einem Autounfall ums Leben.

Mike ging noch aufs College, als er bei einem Raubüberfall erschossen wurde. Und so weiter und so fort.

Wie häufig hören wir von jungen Sportlern, die schwer verletzt wurden oder ums Leben kamen, während sie ihrer Leidenschaft nachgingen?

Gibt es für Familien bessere Argumente, offen über die Belastungen des Lebens zu diskutieren und auch das Thema Tod anzusprechen? Ich denke nicht. Das Leben ist zu kurz. Planungen sowohl für das Absehbare als auch das Unerwartete sind ein absolutes Muss.

Das soll in keiner Weise heißen, dass wir traurig und verängstigt herumlaufen sollten, weil uns solche Dinge zustoßen könnten. Wir sollten diese jedoch als tatsächliche Lebenslagen betrachten, die uns mit zunehmendem Alter treffen könnten. Oder unsere Freunde, Angehörigen usw.

Hier eine kleine Geschichte – ein ideales Beispiel für eine Frau, die tatsächlich lebte ...

> Eine Frau Ende neunzig verlangt nach der Antibabypille. Der Arzt ist sichtlich verdutzt und fragt sie, warum sie meint, diese zu brauchen. Sie sagt ihm, dass die Tabletten ihr helfen, besser zu schlafen. »Ich schlafe nicht gern, aber ich muss für den Tag ausgeruht sein.«
>
> Der Arzt fragt sie, wie Antibabypillen sie besser schlafen lassen. Sie antwortet ihm: »Ich tue jeden Morgen eine in den Kaffee meiner Enkelin, und dann kann ich nachts besser schlafen.«
>
> Aber das ist noch nicht alles. Er fragt: »Sehen Sie deshalb so gut aus? Weil Sie gut schlafen?«
>
> »Nein. Das liegt daran, dass ich vier Liebhaber habe.«
>
> »Sie veräppeln mich!«
>
> »Keineswegs. Ich beginne jeden Tag mit Willens Kraft, dann gehe ich mit Arthur Ritis spazieren. Gewöhnlich komme ich mit Bein Krampf nach Hause und verbringe den Abend mit Heil Salben.«

WEISHEITS-NUGGET #8

Es ist zwar das Beste, andere Ihren Charakter beurteilen zu lassen, aber es ist ebenso wichtig, nach innen zu blicken und das eigene Handeln abzuschätzen, wenn Sie anderen helfen; auf diese Weise bleiben Sie Ihren eigenen Bemühungen treu.

Sehr früh im Leben stellen wir fest, dass es Dinge gibt, die wir tun *wollen*, und andere Dinge, die wir zu vermeiden versuchen, aber tun *müssen*. Wann immer Sie etwas tun müssen, wie zum Beispiel an einer Beerdigung teilnehmen, einen kranken Freund besuchen, aufstehen und zur Arbeit gehen oder selbst so profane Aufgaben wie den Abwasch erledigen, werden Sie meiner Erfahrung nach feststellen, dass das Leben viel stressfreier wird, wenn Sie gründlich darüber nachdenken und einen guten Grund finden, weshalb es nicht nur für den anderen von Nutzen ist, wenn Sie das tun, sondern auch für Sie selbst – wenn Sie also Ihre Einstellung ändern und es tun *wollen*.

> Marian hat einen Sohn, der noch bei ihr wohnt. An einem Dienstagmorgen weckt sie ihn um sieben Uhr und sagt ihm, es sei Zeit, aufzustehen und zur Schule zu gehen.

Er brüllt: »Ich will nicht zur Schule gehen. Ich mag die Lehrer nicht. Das Essen in der Cafeteria ist scheußlich. Und die Schüler sind so unreif und gemein.«
Marian ruft zurück: »Aber du musst zur Schule gehen. Du bist schließlich der Direktor!«

Erlauben Sie mir, für einen Augenblick ernst zu sein. Nur um offen über Leben und Tod sowie die Planung der notwendigen Schritte zu sprechen, damit Ihre Lebensreise lohnenswert wird. Also teilen Sie Ihre Gedanken und Träume mit Ihren Angehörigen, lesen Sie über die Erfahrungen, die andere gemacht haben, vielleicht lächelt Ihnen unterwegs auch jemand zu und ...
Was?
Ich wiederhole mich? Wissen Sie, das ist heutzutage das Problem mit allen Unter-Achtzig-Jährigen; ihr jungen Leute habt einfach keine Geduld.
Egal. Ich mache mit einigen wirklich inspirierenden Beispielen weiter, bei denen das *Müssen* und *Wollen* eins geworden sind. Und eine positive Perspektive beweist, dass Glück der einzige Weg ist.

Fallbeispiel 1

Ruth, ein Mitglied meiner Familie, ist Mitte neunzig, und abgesehen von Rückenproblemen, die sie beim Gehen beeinträchtigen, ist sie körperlich und geistig so aktiv wie ein deutlich jüngerer Mensch.
Sie hat in ihrem Leben mehr Tragödien erlebt, als man sich vorstellen kann: Früh hat sie ihre Mutter verloren, ein Kind

kurz nach der Geburt, ihr Mann starb, als sie Ende vierzig war, und viele ihrer Freunde sind im Laufe der Jahre verstorben.

Nichtsdestotrotz bewahrte sie sich nach der jeweiligen Trauerphase ihre positive Einstellung und genoss das Leben. Ihre beiden Töchter, die sie allein großzog – nebenbei baute sie noch ein erfolgreiches Cateringunternehmen auf –, sind liebevoll und freundlich und werden von allen geliebt.

Ruth war in ihrem ganzen Leben stets optimistisch und glaubt, dass ihr Geist, wenn ihre Zeit kommt, in der anderen Welt herzlich aufgenommen und belohnt wird.

Nach allem, was sie erlebt hat, *musste* sie wirklich nicht optimistisch sein. Sie *wollte* optimistisch sein. Sie hat sich dafür entschieden.

Fallbeispiel 2

Im Jahr 1978 wurde bei meinem guten Freund und Mentor Nathan Adelson – Gründer und leitender Direktor des Sunrise Hospitals in Las Vegas, wo ich eine Abteilung eines großen Unternehmens in der Lebensmittel- und Getränkeanlagenplanung und in der Lebensmittelindustrie leitete – Krebs im Endstadium diagnostiziert.

Er war todkrank, und es zeigte sich, dass er nur noch wenige Monate zu leben hatte. Und was *wollte* mein Freund tun?

Als seine Familie und Freunde ihn fragten, was er sich als Erinnerung an sein Leben wünschte, sagte er ihnen, dass er in seinem Namen ein Hospizprogramm einrichten wollte. Und so wurde das Nathan-Adelson-Hospiz in Las Vegas gegründet.

Viele Jahre später – genauer gesagt 2013 – zeichnete das Small Business Institute for Excellence in Commerce das Nathan-Adelson-Hospiz mit dem Nevada Award for Excellence aus. Durch meine Arbeit bei Rotary und anderen Organisationen hatte ich zwar schon viele Jahre lang Notleidenden geholfen, aber 1979 trat ich zu Ehren meines verstorbenen Freundes der Organisation bei und erhielt dort meine erste formelle Ausbildung zum Hospizbetreuer.

Damals war mir nie in den Sinn gekommen, dass meine praktische Erfahrung als Betreuer mir in den folgenden 35 Jahren nicht nur so viel zurückgeben, sondern mich auch auf die Tragödie beim Verlust meiner Frau und die darauffolgenden Ereignisse vorbereiten würde.

Von meinem sarkastischen Humor einmal abgesehen: Sie werden, wenn Sie dieses Buch weiterlesen, verstehen, weshalb mir schon in sehr jungen Jahren klar wurde, dass anderen zu helfen die Grundlage meiner moralischen Überzeugung werden sollte. (Wobei ich bereitwillig eingestehe, dass mein eigenes Versagen den Betroffenen manchmal beträchtlichen Kummer bereitet hat. Der Ehrlichkeit halber werde ich auch darauf noch zu sprechen kommen.)

Fallbeispiel 3

Hier geht es um mich.
Am 21. November 1980 kamen bei einem Brand im MGM Hotel in Las Vegas 82 Menschen ums Leben. Bei diesem tragischen Unglück wurde das Nathan-Adelson-Hospiz angerufen und gebeten, Freiwillige bereitzustellen, die sich um die verschiedenen Probleme kümmern sollten.

Auf Bitten des Verantwortlichen unserer Belegschaft bestand meine Aufgabe darin, mich im Bezirksleichenschauhaus einzufinden und den Prozess der Identifizierung der Opfer zu organisieren sowie deren Familien zu kontaktieren. Es war beängstigend, mit so vielen jungen Menschen sprechen zu müssen, die Tausende Kilometer entfernt von dem Ort, an dem ihre Eltern eine schöne Zeit hatten verbringen wollen, bei Babysittern und engen Verwandten zurückgelassen worden waren, und diese Kinder informieren zu müssen, dass sie ihre Eltern nie wiedersehen würden.

Wir spulen 35 Jahre weiter.

Und wieso sollte ein 85 Jahre alter Mann, der in einer Einrichtung für betreutes Wohnen lebt, seine Zeit damit verbringen wollen, ein Buch zu schreiben, in dem eine solche Tragödie zur Sprache kommt, und weiter in seinem Beruf zu arbeiten und anderen zu helfen? Und das so viele Jahre später?

Weil ich mich dazu *entschlossen* habe. Weil ich das *will*.

Diese Frage wird mir übrigens häufig gestellt. Und der Rest meiner Antwort?

Weil ich noch lebe und noch nicht all meine Ziele erreicht habe. Und weil mich meine moralische Einstellung gelehrt hat, für meine eigenen Verfehlungen Buße zu tun und den Samen auszusäen, den die Nachfolgenden ernten können.

Ein authentisches Leben

Anderen Menschen in dem Bemühen zu helfen, gelobt zu werden, ist im besten Fall unaufrichtig. Im schlimmsten Fall ist es verlogen und schädlich. Erlauben Sie mir, das für junge Leser zu übersetzen: ES IST SCHEISSE! Verstanden?

Es gibt eine grundlegende Wahrheit, deren Unkenntnis zahllose Ideen und wunderbare Pläne zunichtemacht: In dem Augenblick, in dem man sich tatsächlich engagiert, greift die Vorsehung ein. Alle möglichen Dinge geschehen, die einem helfen und die ansonsten nicht passiert wären.

»Was immer du tun kannst oder erträumst zu können, beginne es. Kühnheit trägt Genius, Macht und Magie. Beginne jetzt.«

— Johann Wolfgang von Goethe

Was meinte Goethe mit »beginne jetzt«?
Er meinte, beginne jetzt zu leben. Was im weiteren Sinne bedeutet, dass man vorbereitet sein muss. Sich vorzubereiten führt zu einem authentifizierten Leben, wie schon in der Überschrift steht.
Und was bedeutet ein »authentifiziertes Leben«?
Es bedeutet, ein ehrliches Leben zu führen, kein unaufrichtiges. Ich weiß, ich weiß. Ich wiederhole mich.
Einer der entscheidenden Wesenszüge einiger der bedeutendsten Führer der Welt war, dass sie den größten Teil ihres Lebens von ihren Familien und Freunden, Geschäftspartnern und Bekannten umgeben waren, die ihnen nicht nur Liebe und Respekt entgegenbrachten, sondern von denen sie auch lernten und diese Wärme in einen Reichtum an Wissen und Führungsqualität umsetzen konnten.
Das war auch mein eigener unverlangter Lohn, für den ich überaus dankbar bin.
Schon in der Einleitung habe ich darauf hingewiesen, dass es vom Moment unserer Geburt an, bis wir altern und sterben, zwei Gewissheiten gibt; und wir müssen keine davon

fürchten, sondern müssen uns vorbereiten und verstehen, dass unsere Reise aufregend und herausfordernd sein wird, wenn wir das offen tun.

In der Bibel gibt es eine Geschichte, in der es heißt, die Welt sei drei Mal erschaffen worden. Die erste Welt war eine Welt des Bösen, und das funktionierte nicht. Dann wurde sie ausschließlich mit guten Dingen neu erschaffen, und auch das funktionierte nicht. Und so wurde sie schließlich so erschaffen, dass sie sowohl Gutes als auch Böses enthielt, und es blieb der Menschheit überlassen, das auf die Reihe zu bekommen. Warum? Damit wir unsere Lektionen lernen und den Unterschied zwischen Gut und Böse begreifen.

Bei meinen Recherchen für dieses Buch stieß ich auf einen interessanten Kommentar von Rabbi Joseph Telushkin in seinem Werk *Jewish Wisdom,* einer Sammlung jüdischer Weisheiten. Er zitiert Yalkut Shimonis Auslegung von Ecclesiastis 968: »Würde Gott dem Menschen das Datum seines Todes nicht vorenthalten, wäre niemand da, der ein Haus bauen oder einen Weingarten pflanzen würde; jeder Mensch würde vielmehr denken: Ich werde morgen sterben. Wieso sollte ich für andere arbeiten?«

Deshalb verschwieg Gott laut dieser recht wortgetreuen Auslegung dem Menschen sein Todesdatum, damit wir bauen und anpflanzen. Hat der Mensch ein gutes Leben, wird er die Früchte seiner Arbeit ernten.

Ich frage Sie ganz ungeachtet Ihrer religiösen Überzeugung: Gibt es eine bessere Einstellung, das Leben zu betrachten und sich zu bemühen, jeden Tag zu leben, um das Gefühl zu bekommen, etwas geleistet zu haben und zu wissen, dass wir damit den uns Nachfolgenden eine bessere Zukunft ermöglichen?

Ich stimme dieser Bibelpassage absolut zu. Denn darum geht es im Leben. Darum und um Hoffnung.

Hoffnung ist unverzichtbar. Die Hoffnung auf eine bessere Zukunft. Die Hoffnung auf ein Ende der Herausforderungen und Schmerzen (aber weder körperliche Beeinträchtigungen noch das Alter sollten jemals eine Entschuldigung dafür sein, die Hoffnung zu verlieren). Die Hoffnung auf eine glückliche Reise durch das Leben. Planen Sie, sich diese Hoffnung zu bewahren. Wir versagen nur dann, wenn wir aufhören, uns zu bemühen.

Und was ist die Moral dieses Kapitels?

Setzen Sie alles, was in diesem Buch bisher beschrieben wurde, um, und Sie werden die Freude und Bestätigung eines authentifizierten Lebens erhalten.

WEISHEITS-NUGGET #9

Der größte Mythos überhaupt: »Ich habe das alles allein geschafft.«

In meinem Leben hatte ich das Privileg, einigen der weltweit größten Führer auf dem Gebiet der Wirtschaft, Religion, Bildung und Politik zu begegnen und ihren Rat zu erhalten.

Im Jahr 1957 war ich als Präsident des Harper Woods Michigan Rotary Clubs begeistert, Sebastian Sperling Kresge als unseren Gastredner vorstellen zu dürfen, den berühmten Einzelhändler, der unter seinem Namen die Billigläden gegründet hatte, aus welchen später K-Mart wurde.

Ich fragte ihn, welchen Rat er einem 28-Jährigen wie mir geben würde, der noch am Beginn seiner Karriere stehe. Seine Antwort war interessant. Er sagte mir: »Junger Mann, wenn Sie in höheren Kreisen verkehren wollen, lernen Sie, mit der Masse umzugehen und gute Beziehungen zu knüpfen.«

Wenn ich auf mein Leben zurückblicke und beobachte, was in der Welt los ist, scheint mir dieser Rat absolut richtig zu sein – selbst heutzutage. Jedes Mal, wenn ich jemanden sagen höre, er sei ein »Selfmade-Man« oder er habe »alles allein geschafft«, denke ich: »Tatsächlich? Wollen Sie damit etwa sagen, dass Ihre Eltern und Lehrer keinen positiven Einfluss auf Sie hatten? Haben Ihre vielen Freunde und Verwandten nicht zu Ihren Denkprozessen beigetragen? Konnten Sie Ihren Erfolg ohne Geldinstitute finanzieren?«

Ich denke: »Wurde der Erfolg nicht erst durch die Hilfe von Angestellten und Käufern ermöglicht? Was ist mit der Liebe und Unterstützung, die Sie von Ihren Partnern, Kindern und anderen Menschen in Ihrem Leben erhalten hatten? Und schließlich: Wenn Krankheit, Tragödien und/oder der Alterungsprozess zuschlugen, war Ihr weiterer Erfolg reine Glückssache oder sprangen andere ein, die fortsetzten, was Sie begonnen hatten?«

Schließen Sie sich mir auf einer Tour durchs Leben an. Begleiten Sie mich zu den vielen Unternehmen, die ich besucht habe, den Meetings, an denen ich teilnahm, und den Handelsmessen, an denen ich mitgewirkt habe. Aber gehen Sie mit mir vor allem in die Hospitäler, Rehabilitationszentren, Privathäuser, und besuchen Sie mit mir die Senioren.

Sprechen Sie mit den vielen alleinerziehenden jungen Müttern, die mit der Aufgabe, ihre Kinder zu erziehen und ihre Familien durchzubringen, allein gelassen wurden und dabei innovative Geschäftsideen entwickelt haben.

Neulich traf ich mich mit einer dieser Frauen. Denise ist hübsch, dynamisch, sympathisch, energievoll und steht dem Leben sehr positiv gegenüber. Sie hat ein Wasserfiltersystem entwickelt, mit dem sich gesundes, sauberes Wasser herstellen lässt. Und sie hat beschlossen, eine Vertriebsgesellschaft zu gründen, um ihren Wasserfilter auf den Markt zu bringen. Sie fragte mich, ob sie ihn mir vorführen dürfe, und ich willigte ein. Aufgrund meiner Erfahrung im Marketing und Verkauf war ich mehr von ihrem Engagement und ihrer Entschlossenheit fasziniert als von ihrer ausgezeichneten Geschäftsidee. Nach der Präsentation sprachen wir darüber, und ich gab ihr ein paar Ratschläge, wie sie Erfolg haben könnte.

Fragen Sie alle, die ich beschrieben habe, ob sie es ganz allein geschafft hätten.

Und was ist der entscheidende Punkt von all dem?

Es ist der, dass wir in jeder Phase unseres Lebens andere Menschen brauchen, die uns helfen. Ob im Geschäftsleben oder bei der Erziehung, es ist wichtig zu erkennen, dass es so ist – so ungern wir im Alter auch von anderen abhängig werden. Es wird definitiv irgendwann der Fall sein.
Wir werden nicht als Individuen geboren. Wir werden in eine Gemeinschaft von Menschen hineingeboren, und wenn wir ein glückliches Leben führen und Widrigkeiten aus dem Weg gehen wollen, müssen wir Beziehungen aufbauen, einander helfen und die Hilfe anderer bereits in jungen Jahren akzeptieren.
Es gibt die Geschichte eines sehr erfolgreichen Industriellen, der bei einem Bankett in New York als gefragter Redner vorgestellt wurde. Die Person, die ihn ankündigte, hob hervor, dass der Redner vor vielen Jahren von Europa in die Vereinigten Staaten kam und seine Habe in einem Sack mit sich trug, den er ans Ende eines langen Stocks geknotet hatte – er hatte sich im Laufe der Jahre ein Imperium aufgebaut.
Nach der Ansprache des Gastredners ging ein Mann zu ihm hin und fragte ihn: »Was haben Sie in dem Sack am Ende des Stocks denn mit sich getragen?« Kleinlaut antwortete der Redner: »25 000 Dollar in bar und eine Million Dollar in Aktien und Obligationen.«
Es wäre zwar schön, glauben zu können, dass jeder erfolgreiche Mensch zu Beginn so gut ausgestattet war, Tatsache ist jedoch, dass Visionen und geschicktes Vorgehen nur ein Teil des Erfolgsrezepts sind. Auch andere Menschen sind ein unverzichtbarer Bestandteil, und deshalb ist es so wichtig, immer daran zu arbeiten, Beziehungen zu knüpfen.
In den frühen 1920er- und 1930er-Jahren gab es eine italienische Einwandererfamilie, die in Detroit, Michigan, ein klei-

nes Chemieunternehmen führte. Die Familie war viele Jahre Kleinproduzent, sie stellte ihr Produkt tatsächlich in einer Art Badewanne her und verkaufte es an Haushalte und Geschäfte.

Während der Weltwirtschaftskrise geriet das Unternehmen in finanzielle Schwierigkeiten. Mein Vater, der Buchhalter war (bevor es zertifizierte Wirtschaftsprüfer gab), managte eine bekannte Fleischverpackungsfirma einer katholischen Familie, deren Besitzer an Krebs erkrankt war und im Sterben lag. Der Besitzer des Chemieunternehmens war Kunde der Firma meines Vaters.

Eines Tages kam der Besitzer zu meinem Vater und teilte ihm mit, dass sein Unternehmen in Schwierigkeiten steckte und er 3000 Dollar bräuchte, sonst müsste er den Betrieb aufgeben. Ich war Zeuge dieses Gesprächs, allerdings war ich damals noch ein kleiner Junge.

Der Besitzer des Chemieunternehmens bot meinem Vater im Gegenzug für das Geld eine 50-Prozent-Beteiligung an seiner Firma an. Dad erklärte ihm, dass er nichts mit Investitionen in andere Firmen zu tun habe, händigte dem Mann 3000 Dollar aus und sagte ihm, er solle sich über die Rückzahlung keine Gedanken machen – er solle nur Erfolg haben.

Der Name des Produkts war Roman Cleanser. Heute heißt es Clorox!

Es mag schön klingen, wenn man sagt, man habe es allein geschafft, aber hinter jedem erfolgreichen Mann steht nicht nur eine nörgelnde Frau (hahaha), sondern auch ein Freund, der ihn versteht.

Ich habe nicht die Absicht, über Prominente zu schreiben und berühmte Namen fallen zu lassen, sondern Geschichten von realen Menschen zu erzählen, die Gutes tun, um anderen zu helfen. Das belegt, dass wir alle einander brauchen und es nicht allein schaffen.

Ein Verwandter von mir war ein sehr bekannter Manager in der Unterhaltungsindustrie, der schwer arbeitete, sich mit viel Unterstützung einen Namen machte und für sich und seine Familie ein Vermögen aufbaute. Tatsächlich war die Familie seiner Frau einst so arm gewesen, dass Verwandte ihnen helfen mussten, damit sie überleben konnten.

Jedes Wochenende nahm er seine Kinder in seinem Cabrio mit, steckte Hunderte Dollar in großen Scheinen hinter die Sonnenschutzblende und fuhr durch die ärmsten Stadtviertel von Los Angeles. Die Scheine gab er Obdachlosen, die an den Straßenecken standen.

Danach gefragt, warum er große Summen an vollkommen Fremde verschenkte, die das Geld für die falschen Dinge ausgeben könnten, antwortete er, dass es nicht seine Aufgabe sei, anderen zu sagen, wie sie ihr Geld auszugeben hätten. Er sagte, sie hätten die Gelegenheit verdient, eine Chance im Leben zu bekommen und selbst zu entscheiden, welchen Weg sie einschlagen wollten.

Ungeachtet ihrer finanziellen Lage, ihres Bildungsniveaus, ihrer Rasse oder religiösen Einstellung ist es für jedes Mitglied einer Gemeinschaft entscheidend, einen Weg zu finden, anderen Menschen zu helfen. Sei es mit Geld, Nahrungsmitteln, Ermunterung oder einer Arbeitsstelle – Hilfe und Unterstützung sollten mit Freude bereitgestellt werden. Die einzige Vergeltung, auf die Sie hoffen sollten, ist Liebe und der Erfolg, der dadurch begründet wird.

Geben Sie niemals auf; entscheiden Sie sich für das Leben.

Sagen wir einmal, Sie sind ein Teenager. Sie gehen aus, besuchen die Schule, haben Spaß, sind anstrengend ... und Sie träumen eines Nachts, jemanden zu treffen, in den Sie sich verlieben und mit dem Sie gemeinsam alt werden.
Man schläft, dann kommt die Träumerei. Sie entdecken dieses Buch, Sie lesen es bis zu dieser Stelle und fragen sich: »Was zum Kuckuck soll das?« Aber Sie lesen weiter.
Krankheiten und das Alter kommen uns immer in die Quere, aber das sollte uns nicht aufhalten. Vielleicht habe ich das in anderen Kapiteln bereits erwähnt, aber ich wiederhole es hier. Aufgrund einer Operation an meinem Bein im Jahr 2012 habe ich ständig starke Schmerzen, und es gibt kein Arzneimittel, das den Schmerz lindert. Aber ich weigere mich, mich dadurch davon abhalten zu lassen, meine Ziele zu erreichen und ein glückliches Leben zu führen.
Rabbi Avi Taff von der Harold M. Schulweis Ganztagsschule in Encino, Kalifornien, schnitt einmal in einer Ansprache wichtige Themen an. Nicht direkt in religiösem Kontext kam er eloquent auf einige Dinge zu sprechen, die auch in diesem Buch Thema sind: »Amerika hat dem Individuum die Gelegenheit gegeben, Entscheidungen zu treffen, und die Frage ist, wie wir als Individuen das Leben angehen.«

Aus *The Station* von dem Dichter und Priester Robert J. Hastings:

»In unserem Unterbewusstsein verborgen liegt eine idyllische Vision. Wir sehen uns auf einer langen Reise über den ganzen Kontinent. Wir reisen mit dem Zug. Durchs Fenster sehen wir die vorbeifahrenden Autos auf den nahen Autobahnen, Kinder, die an einem Bahnübergang winken, Rinder, die auf einem fernen Hügel grasen, Rauch, der aus einem Kraftwerk aufsteigt, Reihen um Reihen Mais und Weizen, Flachland und Bergtäler und weite Hügel, die Skylines von Städten und Dorfhallen. Vor allem aber haben wir unser Ziel im Kopf. Musikkapellen werden spielen, und man wird Flaggen schwenken. Sobald wir einmal dort ankommen, werden unsere Träume wahr werden, und die Bestandteile unserer Leben werden sich zusammenfügen wie Puzzleteile. Unaufhörlich tigern wir den Gang entlang, schimpfen über die vertrödelten Minuten – und warten, warten, warten auf den Bahnhof.«

Und an den Teenager gerichtet, der davon träumt, dieses Buch zu lesen – du solltest dich Folgendes fragen (so geht es nämlich in *The Station* weiter):

»Wenn wir den Bahnhof erreichen, wird es so sein, wie ich es mir vorgestellt habe? Werde ich weinen?
Wenn ich achtzehn werde?
Wenn ich mir einen neuen Mercedes 450 SL kaufe?
Wenn ich das jüngste Kind durchs College gebracht habe?
Wenn ich die Hypothek abbezahlt habe?
Wenn ich befördert werde?
Wenn ich das Rentenalter erreiche?«

»He ... was?«, werden Sie vielleicht fragen.

Und ich sage Ihnen: Hören Sie auf, durch den Gang zu tigern und die Kilometer zu zählen! Besteigen Sie stattdessen noch mehr Berge, essen Sie mehr Eis, gehen Sie häufiger barfuß, schwimmen Sie in Flüssen, beobachten Sie häufiger Sonnenuntergänge, lachen Sie mehr und weinen Sie weniger. Das Leben muss gelebt werden. Den Bahnhof erreichen wir früh genug.

Ja, wir werden geboren, und wir werden sterben. Lebensentscheidungen werden uns in die Lage versetzen, unseren Bestimmungsort in dem Wissen zu erreichen, dass wir in Frieden mit uns selbst angekommen sind, geheilt von allem Bösen, das wir wissentlich oder unwissentlich begangen haben, und dass wir hoffentlich eine bessere Welt zurücklassen, als die, die wir bereist haben.

Letztlich kann erst dann beurteilt werden, ob die Reise erfolgreich war, wenn sie beendet ist.

Sie werden also noch ein wenig Zeit haben. Aber jetzt ist der Zeitpunkt gekommen, um zu planen. Denken Sie daran, Ihre Jahre zu genießen. Es sei daran erinnert:

> *»Vierzig Jahre sind das Alter der Jugend;*
> *fünfzig ist die Jugend des Alters.«*
>
> — Victor Hugo

Das Leben ist eine lohnenswerte Herausforderung.

Wir haben festgestellt, dass Sie sich, wenn Sie so alt werden wie ich, im Kopf durchaus noch wie ein Kind fühlen können, nicht aber in Ihrem Körper; im Geist, aber sonst nirgends. Es geht so unglaublich schnell. Glauben Sie mir. Und die Dinge verschwimmen.

Kinder, College, Krankheit, Sterben ... das alles ist kein Spaß, aber es ist die Realität, und man muss sie als solche akzeptieren. Der Rest der Zeit wird verschwommen beschrieben, so, wie das Leben ist. Hoffentlich können Sie den folgenden Seiten einige wertvolle Informationen entnehmen.

Bernard Otis und seine Weisheits-Nuggets

(oder: warum dieser 85-Jährige, der kein Blatt vor den Mund nimmt, glaubt, er habe das Recht, dieses Buch zu schreiben und Sie alle zu belehren!)

Kürzlich nahm ich an der Feier anlässlich des 101. Geburtstags meines Freundes Marvin teil. Er bewegt sich mit einem Rollator fort, hat Schwierigkeiten mit dem Sehen und Hören und ist trotzdem bei jeder Party die Stimmungskanone. Einmal in der Woche pokert Marvin, spielt mit einer Gruppe älterer Männer aber auch andere Spiele – und gewinnt gewöhnlich. Er hätte vor vielen Jahren aufgeben können, aber er ist entschlossen, das Leben zu genießen, bis seine Zeit gekommen ist.

Als Junge, der in Detroit, Michigan, aufgewachsen ist, habe ich immer gern die Gedichte von Edgar A. Guest gelesen, dem Redakteur einer großen Zeitung. Das folgende Gedicht ist eines meiner Lieblingswerke von ihm, und ich trage es häufig bei mir:

Sie sagten, es könnte nicht getan werden
*Jemand sagte, es könnte nicht getan werden,
aber er antwortete kichernd:
Vielleicht konnte es das nicht, aber er sei einer,
der das nicht sagen würde, bis er es versucht hat.
Deshalb machte er sich mit einem Schmunzeln im Gesicht
daran. Falls er besorgt war, zeigte er es nicht.
Er begann zu singen, als er die Sache anpackte,
die nicht getan werden konnte, und er tat sie.
Jemand spottete: »Ach, das schaffst du nie:
Das hat zumindest noch keiner geschafft.«
Aber er zog den Mantel aus, setzte den Hut ab
Und wusste, dass er immerhin damit begonnen hatte.
Er reckte das Kinn und zeigte ein leichtes Grinsen,
er zweifelte nicht und gab nicht auf.
Er begann zu singen, als er die Sache anpackte,
die nicht getan werden konnte, und er tat sie.
Es gibt Tausende, die dir sagen, dass es nicht getan werden
kann, es gibt Tausende, die dir dein Versagen prophezeien.
Es gibt Tausende, die dich, einer nach dem anderen,
auf die Gefahren hinweisen,
Aber mach dich einfach mit einem Grinsen daran,
dann zieh deinen Mantel aus und versuche es:*

*Fang einfach an zu singen, wenn du dich an
die Sache machst,
die nicht getan werden kann, und du schaffst es.*

Vielleicht liegt kein wissenschaftlicher Beweis vor, dass man länger lebt, wenn man den Geist aktiv und interessiert hält, aber es gibt eine Menge anekdotischer Belege, die bestätigen, dass wir, wenn wir uns am Leben beteiligen, unser Wissen, unsere Begabungen nutzen und neue Dinge ausprobieren, unsere letzten Lebensjahre in jedem Fall glücklicher verbringen werden.

Eines der interessantesten Ergebnisse meiner Recherchen zu diesem Thema war, dass viele Menschen, mit denen ich gesprochen habe, sowohl junge als auch ältere, mir erzählten, sie hätten ein körperliches Problem, das sie, wie sie meinten, davon abhielt, etwas zu tun, und sie es deshalb erst gar nicht versuchten.

Aufgrund dieser Einstellung gewöhnten sie sich an, jede Art von körperlicher Aktivität zu vermeiden; doch hin und wieder versuchte einer von ihnen, es doch zu tun, wie zum Beispiel, eine kurze Strecke zu gehen, mit einer mutmaßlich verletzten Hand zu malen oder sich anderweitig künstlerisch zu betätigen, und sie schafften es. Wenn wir unseren Geist so konditionieren, dass er glaubt, wir könnten etwas nicht, dann beschränken wir unsere Fähigkeit, das Leben zu genießen.

In der Ausgabe vom 23. September 2013 der *Time* schrieb Jeffrey Kluger einen sehr interessanten Artikel mit der Überschrift »*Die Kunst des Lebens*«. Darin informiert er uns, dass im *Medical Journal* von einer Studie in England mit 68 000 Teilnehmern berichtet wurde, die ergab, dass Menschen mit einer relativ milden Depression ein um 29 Prozent erhöhtes Risiko aufweisen, an einer kardio-vaskulären Krankheit zu sterben, und ein um 29 Prozent erhöhtes Risiko, einer nicht karzinogenen Erkrankung zum Opfer zu fallen. Im gleichen Artikel wird Dr. George Bartzokis, ein Neurologe und Professor der Psychiatrie an der Universität von Kalifornien, zitiert: »Wie gut es dem Gehirn geht, hat Auswirkung darauf, wie gut es dem Körper geht.«

Und schließlich berichtet Kluger: »Erst vor einem Monat ergab ein in BMC Public Health veröffentlichter Forschungsüberblick, dass ehrenamtliche Tätigkeiten an Orten wie Krankenhäusern und Suppenküchen, bei denen ein direkter Kontakt mit den Menschen, denen man hilft, besteht, die Sterblichkeitsraten um immerhin 22 Prozent im Vergleich zu den nicht ehrenamtlich Tätigen senken.«

Das ist Stoff zum Nachdenken.

> Ein attraktives Paar mittleren Alters hat Eheprobleme und beschließt, zu einer Eheberatung zu gehen. Sie betreten die Praxis und nehmen Platz. Der Arzt kommt in den Raum und beginnt, ihnen eine Frage zu stellen; die Frau rastet aus und fängt an, herumzuschreien und zu brüllen. Der Arzt steht auf, geht zu ihr, nimmt sie in die Arme und gibt ihr einen sehr leidenschaftlichen Kuss.
> Dann kehrt er zu seinem Sessel zurück und sagt zum Ehemann: »Das braucht Ihre Frau drei Mal in der Woche.« Der Ehemann antwortet: »Okay, das kann ich einrichten, ich kann sie am Montag, Mittwoch und Freitag um 15 Uhr herbringen.«

WEISHEITS-NUGGET #12

Egal, wie alt Sie sind, das Leben endet, wenn Sie aufhören zu leben.

Nein, so weit sind wir noch nicht, Sie müssen also nicht nervös werden. Aber um die Antwort zu geben: Das Leben endet, wenn Sie aufhören, es zu leben.

> »*Sobald Sie die Neugier am Leben, Ihren Entdeckersinn verloren haben, dann haben Sie die Gabe zu leben verloren.*«
>
> — James C. Humes

In seinem Buch *Stories for Speakers* erzählt Dr. Morris Mandel die Geschichte eines Interviews, das John Dewey, der große Philosoph, einem Reporter kurz vor Deweys neunzigstem Geburtstag gab.

»Wozu dient Ihr ganzes Denken?«, fragte der Reporter. »Wohin führt es Sie?«
Gelassen antwortete Dewey: »Es dient dem Gleichen wie das Bergsteigen.«
»Das Bergsteigen?«, wunderte sich der Reporter. »Wozu dient das?«
»Sie sehen die anderen Berge«, antwortete Dewey, dann fuhr er fort: »Wenn Sie kein Interesse mehr daran haben, Berge zu besteigen, um andere Berge zu sehen, die man besteigen kann, dann ist das Leben vorbei.«

Viel zu viele Menschen verschließen, wenn sie älter werden und sich dem Ende ihres Lebens nähern, die Augen gegenüber dem Leben und sehen nicht, dass jeder Tag neue Herausforderungen, neue Abenteuer und neue Chancen bringt, ein glückliches und sinnvolles Leben zu führen. Wir beobachten dies in Seniorenheimen, in Zentren für betreutes Wohnen und in ähnlichen Einrichtungen.

Als Ehrenamtlicher hatte ich viele Jahre das Privileg, mit Menschen jeden Alters zu arbeiten, die – entweder aufgrund eines Geburtsfehlers, einer Krankheit, eines Unfalls oder des Alterns – mit dem Tod konfrontiert waren.

Diejenigen, die das Leben als eine Herausforderung betrachteten und sich jeden Tag auf den nächsten freuten, waren die glücklichsten und lebten am längsten. Sie suchten neue Abenteuer, probierten neue Aktivitäten aus und wollten einfach nur »ganz normal behandelt« werden, wie die Autorin Letty Cottin Pogrebin neulich bei einer Signierstunde in Los Angeles hervorhob. Sie hatte keine Angst vor dem Tod und bemühte sich, trotz ihrer körperlichen und mentalen Einschränkungen, jeden Tag zu genießen.

> *»Die Ewigkeit kommt nicht nach dem Leben,*
> *sondern an jedem Tag des Lebens.«*
>
> — Rabbi Edward Feinstein, Beth Shalom, Encino, Kalifornien

Der berühmte Logotherapeut Victor E. Frankl, der davon überzeugt war, dass der Hauptantrieb in unserem Leben nicht die Lust, sondern die Entdeckung ist, was wir persönlich für bedeutsam halten, schrieb in seinem Buch *Der Mensch vor der Frage nach dem Sinn*: »[Der Mensch hat] das zutiefst innewohnende Bedürfnis, in seinem Leben, oder

vielleicht besser gesagt, in jeder einzelnen Lebenssituation einen Sinn zu finden – und hinzugehen und ihn zu erfüllen!«
Frankl spricht ein wichtiges grundlegendes Thema an. Denn wie kann man angesichts der Tatsache, dass das Leben voller Tragödien, Herausforderungen, Krankheiten, Unsicherheiten und Todesbedrohungen ist, optimistisch sein?
Die Antwort lautet natürlich, wie Frankl klug hervorhebt, dass wir nach einem Grund, glücklich zu sein, suchen müssen, so wie wir einen Grund zum Lachen finden müssen. Ja, das Leben ist eine Herausforderung, aber dem Menschen wurde die innere Kraft verliehen, diese Herausforderung anzunehmen und ein sinnvolles Leben zu führen.
Wenn ein Autor sich an ein Projekt wie dieses Buch macht, verbringt er in der Regel viele Stunden mit Recherchen und Interviews mit Menschen, die sich mit dem Thema des Buches auskennen. Das habe ich natürlich ebenfalls getan, aber ich habe darüber hinaus das Glück, enge Familienangehörige zu haben, die damit Erfahrungen gemacht haben und noch machen und die jeweils auf ihre eigene Weise gezeigt haben, dass es ihnen ungeachtet ihres Gesundheitszustands, ihrer körperlichen oder anderen Belastungen, Freude bereitet, körperlich und geistig aktiv zu bleiben und das Leben in vollen Zügen zu genießen.
Hier zwei Beispiele:

> Meine Cousine Bessie, die zwei Ehemänner überlebte, wurde über neunzig Jahre alt. Trotz diverser gesundheitlicher Probleme und körperlicher Beschwerden genoss sie das Leben fast bis zu dem Tag, an dem sie starb. Sie pflegte Kontakte, las, ging einkaufen und suchte stets nach neuen Abenteuern und neuen Chancen.

Sie weigerte sich, in ein Pflegeheim zu ziehen, obwohl sie kaum mehr laufen konnte, und sie bestand darauf, sich selbst um ihre Finanzen und die anderen persönlichen Angelegenheiten zu kümmern – sehr zum Kummer ihrer Kinder, aber auch derjenigen von uns, die fast täglich mit ihr sprachen.

Als sie mir einmal vorjammerte, dass sie so viel Papierkram zu erledigen habe, bot ich ihr zum Spaß an, diesen für sie zu übernehmen, wenn sie mir die Kontrolle über ihr Vermögen überlassen würde. Darüber mussten wir beide herzlich lachen.

Eine der Frauen, die ich am meisten bewundere, ist meine Cousine Jean Goldberg in Sherman Oaks, Kalifornien. Jean, die jetzt Anfang achtzig ist, erlitt vor vielen Jahren bei der Geburt ihrer jüngsten Tochter einen Schlaganfall und verbrachte seitdem die meiste Zeit im Rollstuhl. Sie lebt mit einer Pflegekraft zu Hause, sieht fantastisch aus, hat ein glückliches Leben und eine positive Einstellung, sie geht aus und lebt aktiv. Es ist unmöglich, nach einem Besuch bei ihr nach Hause zu fahren, ohne eine Lektion gelernt zu haben, wie wunderbar die Reise durch das Leben trotz der Hindernisse sein kann.

Das sind nur zwei Beispiele für Menschen, die den Wert des Geschenks des Lebens begreifen und dafür sorgen, dass jede Minute zählt.

Wenn wir aufhören, unseren Geist zu nutzen, und unsere körperlichen und sozialen Aktivitäten einschränken, haben wir aufgehört zu leben.

Beziehungen zählen zu unseren kostbarsten Schätzen.

Das Kostbarste von allem, was unseren Lebenswillen stärkt, sind liebevolle soziale und persönliche Beziehungen. Ich sehe dies bei älteren Menschen immer wieder. Wenn zwei Menschen ihr Leben miteinander verbringen, verbessern sie die Qualität ihrer Leben. Gehen Sie in irgendeine Langzeitpflegeeinrichtung und beobachten Sie, wie die betagten Bewohner einander helfen und ihre gemeinsame Zeit genießen.

Martin Buber schreibt in seinem Werk *Ich und Du* über das **Ich** und **Es** versus dem **Ich** und dem **Du**. Wenn wir allein leben und keine guten Freunde haben, sind wir das **Ich**, und alle anderen sind das **Es**.

Wir haben zunächst keine Beziehung zu denen, mit denen wir in Kontakt treten, aber wenn wir eine Beziehung knüpfen, einander kennenlernen und gewissermaßen eine Kameradschaft eingehen, wird aus dem **Es** ein **Du**, und wir sind nicht mehr allein.

Stellen Sie sich die Frage: Wie oft am Tag interagieren wir mit Menschen, die wir nicht kennen, und unternehmen keinen Versuch, herzliche Beziehungen zu ihnen herzustellen, die unsere Lebensqualität so sehr verbessern könnten?

Das erinnert mich an eine Geschichte, die James C. Humes, Autor, Redner und Redenschreiber von Richard Nixon, in seinem Buch *Speaker's Treasury of Anecdotes about the*

Famous beschreibt, einem Werk, aus dem viele Zitate in diesem Buch stammen.

Als Daniel Webster einmal John Adams über den Weg lief und ihn nach seinem Wohlbefinden fragte, seufzte Adams tief und sagte: »Ich bewohne ein schwaches, gebrechliches und verfallenes Haus, das vom Wind ramponiert und von Stürmen zertrümmert ist, und soviel ich weiß, hat der Hausbesitzer nicht die Absicht, es zu renovieren.«

(Anmerkung des Autors: Selbst wenn keine Renovierungen vorgenommen werden, kann das untere Stockwerk des Hauses gemütlich gemacht werden, wenn die obere Etage aktiv bleibt.)

Eine humorvolle Geschichte von John und Sarah

John fühlte sich nicht wohl, deshalb brachte Sarah ihn zum Arzt. Nach der Untersuchung, als John sich noch in der Umkleidekabine anzog, nahm der Arzt Sarah beiseite und sagte zu ihr: »John ist ein Kandidat für einen Schlaganfall oder einen Herzinfarkt, deshalb sollten Sie Folgendes tun: Lassen Sie ihn, wenn er von der Arbeit nach Hause kommt, absolut nichts machen, sondern sich ausschließlich ausruhen. Geben Sie ihm ein gutes Abendessen, und haben Sie mindestens drei Mal in der Woche Sex mit ihm.« Als der Arzt gegangen war, kam John aus der Umkleidekabine. Er fragte Sarah, was der

Arzt gesagt hatte. Sie antwortete: »Er hat mir gesagt, dass du sterben wirst.«

> *»Lass mich hübsch alt werden,*
> *alt werden wie so viele schöne Dinge:*
> *Spitze und Elfenbein und Gold und auch Seide*
> *sind vielleicht nicht neu.*
> *Und alte Bäume haben heilende Wirkung,*
> *alte Straßen einen Zauber.*
> *Wieso soll ich nicht wie diese schön werden,*
> *wenn ich altere?«*
>
> — Karle Wilson Baker

Wenn Sie aufgeben, kann das Leben vorzeitig enden. Es kann enden, wenn Sie die Chancen ungenutzt lassen, Ihre Fähigkeiten einzusetzen, es zu genießen, andere zu unterrichten und darauf zu warten, dass das Ende auf natürliche Weise kommt.

Ruth und Burt sind ein bemerkenswertes Paar mit einer großen und herzlichen Familie. Sie sind beide Ende achtzig und seit etwa achtzehn Jahren verheiratet.

Er hat eine Reihe gesundheitlicher Probleme und kann nicht gut gehen, deshalb nutzt er einen Elektrowagen. Seine Neuropathie verursacht ihm große Schmerzen, aber trotzdem sind sie glücklich und ineinander verliebt. Sie tut ihr Bestes, um ihm das Leben so angenehm wie möglich zu machen, obwohl auch sie Altersprobleme hat. Auch wenn manche Tage für beide sehr schwierig sind, sind sie das glücklichste und lustigste Paar, das ich kenne. Sie beweisen jeden Tag, dass das Leben schön sein kann, und sind ein ideales Beispiel für Menschen, die sich für das Leben entscheiden.

Die Bedeutung unserer Familie, wenn wir älter werden – Ich bin der Hüter meines Bruders.

*»Der Herr sprach zu Kain: ›Wo ist dein Bruder Abel?‹
Und Kain antwortete: ›Bin ich der Hüter meines Bruders?‹«*

— Genesis 4,9

Sind wir die Hüter unserer Brüder? Das ist eine Frage, die seit Menschengedenken auf eine Antwort wartet. Rabbi Sheldon Zimmerman hat in seinem Buch *The Modern Men's Torah Commentary* darauf hingewiesen, dass dies die erste Frage ist, die Gott in der Thora gestellt wird.

Aber einmal angenommen, Sie sind nicht religiös. Das spielt keine Rolle. Lassen Sie uns über die Familie sprechen.

Letzten Endes ist im Prozess des Lebens und Sterbens kein Element wichtiger als das Bedürfnis, eine gute Beziehung mit der Familie zu haben.

Doch nehmen wir wieder einmal den umgekehrten Fall: Sagen wir, Sie sind verheiratet und kinderlos. Vielleicht haben Sie einen Hund oder eine Katze. Vielleicht sogar einen Wellensittich. Auch Tiere sind Familie.

Wenn die in diesem Kapitel erläuterten Themen nicht frühzeitig besprochen werden, werden all die anderen in diesem Buch gelieferten Informationen hinsichtlich der Ressourcen und der Bedeutung des Lebens für die Lösung der wichtigsten Fragen rund um das Älterwerden wenig hilfreich sein. Herausforderungen gehören zum Leben dazu, doch unnötige Herausforderungen sollten nicht akzeptiert werden. Wir haben sowohl persönlich als auch gemeinsam die Macht, Maßnahmen zu ergreifen, die diese Herausforderungen abmildern, sodass wir die Zeit, die uns gegeben ist, weiter genießen können.

Ja, in Familien gibt es Differenzen, Eifersüchteleien und Missverständnisse. Wenn Sie ernsthaft darüber nachdenken, sind einige der Themen, die uns auseinanderdividieren, in Wahrheit belanglos. Dennoch sind wir alle Brüder und Schwestern, und wenn wir unserem Herzen folgen, sind wir füreinander verantwortlich.

Man kann zwar unmöglich wissen, wann wir plötzlich selbst oder ein Familienmitglied mit einer Krankheit wie zum Beispiel Parkinson, Demenz, Alzheimer oder irgendeiner anderen chronischen Erkrankung konfrontiert werden, deren Auswirkungen nicht nur für den Betroffenen selbst niederschmetternd sind, sondern auch für den Ehepartner, der möglicherweise ab diesem Moment zur Vollzeitpflegekraft wird. Eine Vollzeitpflege, ob sie zu Hause oder in einer Pflegeeinrichtung stattfindet, kann das plötzliche Ende der Liebesbeziehung bedeuten und diese durch Einsamkeit und emotionalen Stress ersetzen.

Wenn gute Ehen, die viele Jahre Bestand hatten, aufgrund des Todes eines der Partner oder einer schweren Krankheit wie Alzheimer zu Ende gehen, sieht sich der andere Partner unter der psychischen und körperlichen Belastung mit gesundheitlichen und finanziellen Fragen und anderen Verlusten konfrontiert, die aus dem Nichts aufzutauchen scheinen.

»Seid nett zu euren Kindern. Schließlich werden sie diejenigen sein, die euer Pflegeheim aussuchen.«

— Anonym

Um diese Art stressreicher Situationen zu vermeiden oder zumindest abzumildern, muss in einer Ehe frühzeitig eine Reihe von Maßnahmen ergriffen werden. Nicht nur, weil sie allen Beteiligten das Leben erleichtern, sondern weil sie dazu dienen, die Grundlage für die Erfüllung der Bedürfnisse unserer älteren Angehörigen und auch unserer eigenen zu bilden.

Bedenken Sie Folgendes: Neuere Studien des Center for Disease Control und vieler anderer namhafter Institutionen belegen, dass der Ehepartner einer Person, die an einer schweren Krankheit verstirbt, häufig kurze Zeit nach dem Ableben ihres Angehörigen ebenfalls stirbt. Alles muss mit Rechtsbeistand besprochen und richtig dokumentiert werden, um Probleme zu vermeiden für den Fall, dass die Maßnahmen umgesetzt werden müssen.

Im Jahr 1991 kamen Anna und ich von einer Reise aus England zurück, wo viele Freunde von uns leben. Wir hörten unseren Anrufbeantworter ab und erfuhren, dass ihr Vater im Alter von 83 Jahren an diesem Tag einen Schlaganfall erlitten hatte. Müde und erschöpft, wie wir waren, fuhren wir die 200 Kilometer zum Krankenhaus, in dem er lag, und machten den ersten der vielen teuren Krankenbesuche, bis er schließlich starb.

Zur gleichen Zeit, als wir unsere Ressourcen für seine Pflege verwendeten, erfuhren wir, dass Annas jüngste Schwester, damals 42 Jahre alt, unheilbar an Brustkrebs erkrankt war. Sie war zwei Mal geschieden und hatte zwei Söhne, 19 und 12 Jahre alt.

Weil sie nicht weit von uns entfernt wohnten, kannten wir die Jungs gut, doch als uns mitgeteilt wurde, dass Annas Schwester nur noch kurze Zeit leben würde, kamen Anna und ich sofort überein, den Jüngeren der beiden zu adoptieren – und das taten wir. Am Ende stellte es sich allerdings als Katastrophe heraus, und wir mussten andere Arrangements für ihn treffen.

Die Gründe sind hier nicht von Belang, nur eines ist wichtig: Diese beiden Ereignisse beraubten uns zusammen mit anderen Familientragödien buchstäblich unserer gesamten finanziellen Rücklagen. Doch wir gingen weiter zur Arbeit und überwanden diese Probleme schließlich. Wir glaubten damals, und daran glaube ich heute noch, dass wir alle die Hüter unserer Brüder sind – das heißt, wir alle müssen uns um unsere Angehörigen kümmern.

Jedem, der von diesen kostspieligen Ereignissen liest, müsste klar sein, dass die finanzielle Belastung hätte abgemildert werden können, wenn die Familie über diese Art von Problemen – die Krankheit und der Tod eines alten Mannes, aber auch die plötzliche Erkrankung einer alleinerziehenden Mutter – gesprochen und entsprechend vorgesorgt hätte. Jeder Mensch hat die Wahl, ein gut- oder kaltherziges Leben zu führen. Wenn wir Puzzleteile auf den Tisch legen und versuchen, sie zusammenzufügen, ist das sehr schwierig, aber wenn wir uns das Bild auf der Puzzleschachtel ansehen, verstehen wir besser, wie die vielen Teile zusammengesteckt werden müssen.

Leider kann es im Laufe der Jahre zu Situationen kommen, in denen ein Familienmitglied allen Ernstes davon überzeugt ist, dass es, um seine Familie zu retten, auf eine Weise handeln muss, die seiner Einstellung widerspricht. Am

Ende schadet derjenige sich selbst, er verliert den Respekt vor seinen Angehörigen und leidet sein Leben lang an seelischen Schmerzen, nur um ein anderes Familienmitglied zu schützen. Leider hat der Betreffende sich dafür entschieden und muss die Last tragen. Zerstrittene Familien müssen sich als Bild auf einer Puzzleschachtel verstehen und lernen, die Puzzleteile zusammenzufügen, damit sie in Zeiten der Not füreinander da sein können. Für mich ist es häufig absurd, wie banal manche dieser Probleme tatsächlich sind, und ich kann nicht verstehen, dass Familien es zulassen, auseinanderdividiert zu werden. Zu den besonders polarisierenden Fragen zählen:

Religiöse Differenzen

Wie können Religionen, von denen die meisten uns lehren, einander zu lieben und anderen in schwierigen Zeiten beizustehen, und die uns auffordern, uns zu vermehren und zu wachsen, nur zu so erbitterten Auseinandersetzungen führen?
Ich weiß, ich weiß. Das ist eine sehr schwierige Frage, die den Rahmen dieses Buches sprengt. Aber lassen Sie mich dennoch auf den Kern des Problems eingehen.
Neulich hörte ich von einer Familie, deren Tochter einen sehr frommen Mann geheiratet hatte. Weil die Eltern nicht so religiös waren, durften sie ihre Tochter nicht in deren Haus besuchen und bei ihr essen. Traurigerweise starb die Tochter mit rund fünfzig Jahren an Krebs, und erst in ihren letzten Tagen durften ihre liebevollen Eltern Zeit mit ihr verbringen.

Das ist leider ein typisches Problem. Es folgt noch ein weiteres Beispiel, das jedoch positiver ausgeht. Es beweist, dass es funktionieren kann:
Ich lernte eine Familie kennen, in der der Mann einer Glaubensrichtung angehörte, die Frau einer anderen. Sie waren seit fast 35 Jahren verheiratet und liebten sich sehr. Ihre Kinder wurden im Glauben der Mutter erzogen, doch sie kannten sich mit dem religiösen Hintergrund des Vaters bestens aus. Die Familie beging die Feiertage beider Konfessionen.
Weil es Erfolg versprechende Lösungen wie diese gibt, habe ich nie verstehen können, warum Familienbeziehungen durch diese Art von Fragen zerstört werden sollten. Meine Tante und mein Onkel hatten gegensätzliche politische Einstellungen, aber sie waren mehr als fünfzig Jahre glücklich verheiratet.
Meine Schlussfolgerung: leben und leben lassen. Menschen sind von Natur aus verschieden. Man kann nicht erwarten, dass wir alle Klone sind, oder?

Eine Frage der Hautfarbe

Die Tochter einer sehr glücklichen Familie verliebte sich in einen dunkelhäutigen Mann und heiratete ihn schließlich. Sie kannte die Voreingenommenheit ihres Vaters und hielt die Beziehung vor ihm geheim. Als sie schließlich doch öffentlich wurde, verweigerte der Vater jede Beziehung zu seiner Tochter und ihrem wunderbaren Ehemann.
Siehe oben »religiöse Differenzen«. Es ist die gleiche verdammte Sache.

Uneheliche Kinder

Das ist eine Generationenfrage. Heute spricht man gar nicht mehr darüber.

Aber lassen Sie mich das Thema für unsere Zwecke hier trotzdem erwähnen. Wenn eine junge Frau schwanger wird, ohne verheiratet zu sein, sei es durch eine Liebesbeziehung oder eine beiläufige Bekanntschaft, haben Familien häufig Schwierigkeiten, damit umzugehen. Allzu oft verleugnen sie die Tochter zu einem Zeitpunkt, an dem sie die Zuwendung und Unterstützung ihrer Eltern, Familie und Freunde am dringendsten bräuchte.

Weil ich über achtzig Jahre alt bin, muss ich eingestehen, dass allein die Erwähnung dieses Themas hier nach »altmodischem« Quatsch klingt. Aber das ist mein Buch, und ich klinge, wie ich will!

Also ... einer meiner Kunden erzählte mir, dass seine Tochter schwanger sei und ans andere Ende des Landes ziehen würde, um bei einer Cousine zu leben. Ich fragte ihn nach dem Grund, und er erzählte mir, dass weder er noch seine Frau wegen des »unehelichen« Kindes etwas mit ihr zu tun haben wollten.

Ich sagte ihm, dass das falsch sei und dass er seine Tochter in die Arme schließen und ihr seine Liebe zeigen müsse. Wegen Annas Krankheit sah ich ihn dann fast ein Jahr nicht mehr. Als ich mich schließlich bei ihm erkundigte, ob er etwas von seiner Tochter gehört habe und wie es ihr und ihrem Kind gehe, erzählte er mir, dass er meinen Rat angenommen habe und dass sie jetzt alle zusammenwohnten. Er sagte, sie könnten gar nicht glücklicher sein.

Scheidung und Sorgerechtsfragen

Es kursiert die Geschichte einer sehr erfolgreichen jungen Frau, die sehr unglücklich verheiratet war. Sie ließ sich von ihrem Mann scheiden, und aufgrund dieser Trennung hörten sie und ihre Schwiegereltern (und andere Familienangehörige) auf, sich zu treffen und miteinander zu sprechen. Die junge Frau zog den während der Ehe geborenen Sohn allein auf, und er war ein netter Junge von zehn oder zwölf Jahren, der sich sehr für die Gemeindearbeit engagierte.
Die Mutter vergötterte ihren Sohn und hatte ihre Karriere erfolgreich fortgesetzt. Nach vielen Jahren der Trennung nahmen die Schwiegereltern wieder Kontakt zu ihr auf, um über eine mögliche Versöhnung zu sprechen. Sie war absolut begeistert und freute sich darauf, dass ihr Sohn endlich die Großeltern väterlicherseits kennenlernen würde. Darum sollte es im Leben gehen. Um die Familie, immer um die Familie.
Ein weiteres Beispiel für die Notwendigkeit eines familiären Unterstützungsnetzwerks tritt zutage, wenn die Ehepartner nach einer langen und normalerweise glücklichen Ehe aufwachen und feststellen, dass ihr Leben aufgrund einer plötzlichen Erkrankung oder eines Alterungsproblems oder aber wegen des Todes ihres Partners aus den Fugen geraten und dass allein das Überleben – finanziell oder anderweitig – zu einer unerträglichen Qual geworden ist.
Es gibt keinen besseren Weg, um diese Art von Problem zu minimieren, als dass alle Familienmitglieder zusammenarbeiten, einander lieben und frühzeitig gemeinsam planen. Auf diese Weise sind sie, wenn eine solche Situation eintritt, vorbereitet und können damit umgehen.

Ja, wir alle – ich inbegriffen – hatten schon einmal gravierende Meinungsverschiedenheiten mit anderen Familienmitgliedern, es herrschte Groll und/oder wir haben etwas getan, was sich negativ auf unsere Familienbeziehungen ausgewirkt hat.

Aber wenn man wirklich darüber nachdenkt, was kann so schrecklich sein, dass wir veranlasst werden, diese Beziehungen abzubrechen und in Zeiten der Krise nicht füreinander da zu sein?

Nichts. Gar nichts.

Dieses Kapitel wollte ich damit beenden, und dann hörte ich im Radio gerade folgende Geschichte:

Eine Familie hat mehrere Kinder und Enkel. Eine Tochter hat einen kleinen Sohn mit einer Körperbehinderung. Die Familie hat jahrelang nicht miteinander gesprochen, und jetzt liegt der Junge im Sterben. Als er im Radio interviewt wurde, bat er um die Versöhnung seiner Familie, bevor er in den Himmel kommt. Wie traurig!

Schieben Sie Ihre alten Angehörigen nicht ab.

»Wir unterbrechen diese Sendung für einen Sonderbericht ...«
Ich schreibe dies am Sonntag, den 14. Juni 2013. Ich sehe fern und habe CNN eingeschaltet.
Es wird berichtet, dass die chinesische Regierung gerade ein neues Gesetz erlassen hat. Dieses neue Gesetz verpflichtet die Familienangehörigen alter, in Pflegeeinrichtungen lebender Menschen, diese mindestens jeden zweiten Monat einmal zu besuchen.
Tatsächlich wird dies wie eine Sondernachricht verkündet.
Es ist für mich so interessant und doch so traurig – sich vorzustellen, dass ein Gesetz erlassen werden muss, um Familien zu zwingen, einander zu helfen – ungeachtet der Frage, aus welchen Gründen sie damit aufgehört haben.
Dieser Abschnitt passt zum vorherigen Kapitel, aber ich habe ihn hier separat platziert, weil ich von den Socken bin.
Sind wir als Gesellschaft inzwischen tatsächlich so weit gekommen?
Leider werden sowohl die physischen wie auch die geistigen Distanzen zu unseren älteren Angehörigen immer größer, weil unsere Gesellschaft immer mobiler wird und die Alten allein und traurig zurückbleiben.
Meinen jungen Lesern sei gesagt, dass das wirklich ein echtes Problem ist. Wenn Sie alt genug sind, um sich diesen

Kummer auszumalen, werden Sie begreifen. Ist das nicht der Fall, kann ich Sie nur bitten, den Versuch zu unternehmen, es zu verstehen.

Tatsache ist, dass viele Familien Pflegezentren als »Babysitter« nutzen, während sie darauf warten, dass ihr krankes Familienmitglied stirbt, und das Leben mit dem Geld genießen, das die Familie angehäuft hat. Man braucht bloß etwas Zeit in irgendeiner Pflegeeinrichtung zu verbringen, dann kann man dieses Phänomen mit eigenen Augen beobachten. In unserer Gesellschaft findet eine subtile Veränderung statt, die sich langsam, aber maßgeblich auf die Bedürfnisse der alten Menschen auswirkt. Fast jeder in der Altenpflege Tätige stellt fest, dass:

- viele alte Menschen, die er pflegt, keine Kinder haben und sich daher fast ausschließlich darauf verlassen müssen, dass nahe Freunde oder Familienangehörige sich um sie kümmern.
- ein großer Teil der älteren Patienten nie geheiratet hat oder geschieden ist. Auch das führt dazu, dass sie verstärkt von Fremden abhängig sind.
- die Kosten für Pflegeeinrichtungen in den USA rasant steigen und es vielen Menschen erschweren, sich eine solche leisten zu können. Häufig ist der finanzielle Ruin die Folge.

Die Lebensqualität eines älteren Menschen ist ebenso abhängig von seiner Beziehung mit seinen Angehörigen wie von seiner tatsächlichen körperlichen Verfassung. Ältere Menschen wünschen sich mehr als alles andere das Gefühl der Normalität, zu wissen, dass sie noch immer eine integrale Rolle spielen und noch immer Teil der Familienaktivitäten sind.

Falls Sie keine biologische Familie haben, können wir das Wort Familie durch »Freunde« ersetzen. Falls Sie keine Freunde haben ... nun, vielleicht haben Sie nicht auf Großvater Bernie gehört und nicht *vorausgeplant*.
Jede Form von Gemeinschaft hilft einem alten Menschen, auf seiner Reise durch das Leben geistig so beweglich wie nur möglich zu bleiben. Ja, es kann schwierig sein, mit ihnen hinauszugehen, sie aus ihrem normalen Leben herauszuholen und sich die Zeit zu nehmen, sich um sie zu kümmern. Aber die meisten unserer betagten Angehörigen haben ihr Leben uns gewidmet und standen damals unter den gleichen zeitlichen Zwängen wie wir heute. Jetzt sind wir an der Reihe, uns dafür erkenntlich zu zeigen.

Der Elternteil wird zum Kind, das Kind wird zum Elternteil.

Anfang der 2000er-Jahre erklärte ich mich bereit, in meiner Synagoge das Bikkur-Holim-Programm zu leiten (die Betreuung Kranker). Mein enger Freund Edward Feinstein, der respektierte Rabbi von Valley Beth Shalom in Encino, Kalifornien, rief mich an und fragte mich, ob ich der Familie einer seiner Freunde, der an ALS litt, helfen könne.
Gary war eine bekannte Persönlichkeit und hatte zwei erwachsene Söhne. Er war geschieden, lebte zu Hause und hatte eine Pflegekraft. Die meiste Zeit saß er im Rollstuhl und wurde über eine Sonde ernährt. Er konnte nicht mehr sprechen und kommunizierte deshalb mithilfe eines Computerprogramms.
Seine Familie und ich trafen uns, um über seinen Zustand zu sprechen und herauszufinden, was ihm helfen würde, bis zum Ende seiner Reise eine Art von Normalität aufrecht-

zuerhalten. Nach diesem Treffen knüpften er und ich eine herzliche Beziehung, die anderthalb Jahre andauerte.
Ich hatte einen neuen Freund gewonnen. Einen netten, liebevollen neuen Freund.
Es stellte sich heraus, dass Gary der Betreuer des Sommercamps gewesen war, an dem meine Kinder viele Jahre, bevor wir uns kennenlernten, teilgenommen hatten.
Jeden Mittwoch verbrachten Gary und ich drei Stunden miteinander, in denen wir über seine Gefühle über Leben und Tod sprachen, verschiedene Kartenspiele machten und über Familienbeziehungen diskutierten. Ich nahm Kontakt zum Braille Institute auf, damit man ihm von dort Bücher auf Kassette zuschickte.
Darüber hinaus besuchte ihn Anna, die neben ihren vielen beruflichen Begabungen auch Meditationslehrerin war, einmal pro Woche und brachte Gary bei, wie er die Meditation als Mittel zur Linderung seiner Schmerzen einsetzen konnte.
Wir alle waren über drei Probleme besorgt. Erstens: Die Familie wollte gelegentlich Ausflüge mit Gary unternehmen, aber er fühlte sich unwohl, in seinem Zustand in der Öffentlichkeit gesehen zu werden. Zweitens: In wenigen Monaten sollte die Hochzeit eines seiner Familienmitglieder stattfinden, und er zögerte, daran teilzunehmen. Drittens: Die religiösen Feiertage standen bevor, und er wollte nicht zu den Gottesdiensten gehen.
Wir brachten diese Themen zur Sprache, und Gary wurde langsam klar, dass nicht nur er Bedürfnisse spürte, um die sich seine Familie gekümmert hatte, indem sie unsere Kirchenvertreter in den Prozess eingebunden hatte, sondern dass auch sie das Bedürfnis hegte, ihm ihre Liebe und

Zuneigung zu zeigen, indem sie ihn in die Familienfeste einbeziehen wollte. Dank der gründlichen Organisation des Transports, der Hilfskräfte, des Sitzplatzes und der speziellen Zufahrt zu den verschiedenen Veranstaltungsorten nahm er schließlich doch an den verschiedenen Familienfeierlichkeiten teil.

Zögerlich stimmte er zu, der Hochzeit seines Sohnes beizuwohnen. Am Tag danach erzählte er mir mit Tränen in den Augen, dass es einer der bedeutendsten Tage in seinem Leben gewesen sei. Und an dem Tag, an dem wir ihn für das jüdische Neujahrsfest zum Gottesdienst brachten, blieb in der Synagoge kein Auge trocken, als er stolz im Kreise seiner Familie saß.

Leider starb Gary einen Tag, nachdem bei mir eine Notoperation am Herzen vorgenommen werden musste. Ich hatte das Gefühl, einen Bruder verloren zu haben. Anna nahm an den Trauerfeierlichkeiten teil und berichtete mir, wie herzlich sie waren und wie zufrieden die Familie darüber war, dass seine Reise ein glückliches Ende genommen hatte.

Gary, mein Freund, Bernie vermisst dich sehr. Ich kann nur hoffen, dass ich dir helfen konnte, diese Kluft, die du so lange in deinem Herzen gespürt hast, zu schließen.

> *»Das menschliche Gehirn ist wie ein angelaufenes Stück Gold in einer Vitrine.*
> *Sie können es nicht glänzend und strahlend erhalten, wenn Sie es nicht regelmäßig nutzen.*
> *Deshalb denken Sie, bevor Sie handeln, und behandeln Sie andere so, wie diese Sie behandeln!«*
>
> — Von wem wohl? Von mir

Wenn ich ein Problem anzusprechen habe, das für alle, die schwer krank sind, aber auch für die Familien und Freunde derjenigen, die im Sterben liegen, besonders schwierig ist, dann ist es das »Trauma«, das so viele erleben, wenn sie den Kranken besuchen oder seinen Hinterbliebenen kondolieren müssen.

Während meiner Recherchen erzählten mir Betroffene immer wieder, wie verärgert sie seien, dass Menschen, die sie als enge Freunde betrachteten, nicht angerufen, sie nicht besucht oder ihnen geschrieben oder sonst irgendwie Anteilnahme nach dem Verlust eines geliebten Menschen gezeigt hätten.

So, wie man dazu neigt, es zu vermeiden, über den Tod zu sprechen, so schreckt ein großer Teil der Menschen, wenn die Zeit gekommen ist, sich zu entscheiden, einen Kranken zu besuchen, zu Beerdigungen zu gehen und Trauernde zu besuchen, davor zurück, mit denjenigen in Not in Kontakt zu treten oder sich auf sie einzulassen. Und viele, die wissen, dass sie das machen sollten, haben Schuldgefühle und vermeiden es, weil sie fürchten, sie könnten irgendetwas Falsches tun oder sagen.

Wir alle haben irgendwann diese Erfahrung gemacht. Es gibt jede Menge Geschichten darüber, wie enge Freundschaften oder andere wunderbare Beziehungen durch die Art und Weise, wie der Einzelne mit einer solchen Situation umgeht, positiv oder negativ beeinflusst wurden.

In ähnlicher Weise wollen viele, die durch eine Trauerphase gehen und Schmerz und Leid erfahren, nicht über ihre schlimme Situation sprechen und/oder sind manchmal über die Reaktionen ihrer Freunde verärgert.

So gut wie alle, die als ehrenamtliche Pflegekräfte arbeiten, aber auch die Millionen Menschen, die aufgrund ihres eigenen Kampfes mit Krankheit und dem Altern zu tun haben – und auch die, die damit in der Familie leben –, stimmen überein, dass es drei Grundüberzeugungen gibt, an die wir alle glauben, wenn es darum geht, was Menschen sich in solchen Situationen von anderen wünschen:

- **Unsere Privatsphäre**
  Niemand möchte, dass seine oder ihre Situation in die Welt hinausposaunt wird, am wenigsten ein Mensch, der schwer erkrankt ist. Selbstverständlich ist es uns wichtig zu wissen, dass sich die Familie, Freunde und Bekannte Sorgen um uns machen, aber diese müssen ihre Besorgnis nicht in einer Weise zum Ausdruck bringen, die unsere Privatsphäre verletzt.
  Alle Anrufe, persönlichen Nachrichten und, falls angebracht, kurze Zeiten des persönlichen Kontakts mit unseren Familienangehörigen sind in Ordnung – sie zeigen uns einfach, dass die anderen in Gedanken bei uns sind.

- **Normalität**
  Was sich ein kranker Mensch am meisten wünscht, ist »Normalität«.
  Egal, wo wir im Leben stehen, wir wollen wissen, dass wir nicht allein sind und dass wir am Leben und der Welt um uns herum teilhaben. Es ist besonders wichtig, dass unsere Angehörigen und die uns Pflegenden das im Kopf behalten, wenn sie arbeiten, um uns durch unsere verschiedenen Krankheiten und Krisen zu helfen.

- **Hauptaugenmerk**
  Und das Hauptaugenmerk sollte auf dem anderen liegen, nicht auf »uns«.

Wenn Sie mit einem Kranken telefonieren oder ihn besuchen, sprechen Sie nicht über Ihre Erfahrungen mit Krankheiten oder denen anderer (zum Beispiel von Bekannten von Ihnen, die ein ähnliches gesundheitliches Problem hatten).

Hören Sie zu, was die Person(en) Ihnen über ihre Situation sagt(en), und schweigen Sie. Legen Sie die Hand sanft auf ihre Schulter, oder halten Sie ihre Hand und hören Sie aufmerksam zu.

Falls Sie als Angehöriger eines Kranken von einem Freund gefragt werden, ob er ihn besuchen kann, und Sie es ihm gestatten, achten Sie darauf, ihm zu sagen, dass er sich bei seinem Besuch auf den Kranken konzentrieren muss und nicht von sich selbst oder seinen Erlebnissen sprechen sollte. Vergessen Sie nicht, ihm mitzuteilen, wie lange der Besuch dauern darf.

Irene Winston ist eine der dynamischsten Frauen, die ich je kennengelernt habe. Sie ist über neunzig Jahre alt, kann nicht mehr allein gehen und hat mehr gesundheitliche Probleme, als man sich vorstellen kann. Außerdem hatte sie bis vor Kurzem eine Gruppe von Freundinnen, die zweimal in der Woche in die Einrichtung kamen, in der sie lebt, und gewöhnlich mit ihr zusammen Karten spielten.

Darüber hinaus nahm Irene mit einer Gruppe anderer Heimbewohner einmal in der Woche an einer politischen Diskussion teil. Ihre Familie hütete sich wohlweislich davor, irgendetwas zu unternehmen, was diese wunderbar warmherzige Person aus ihrem Lebensumfeld herausreißen würde. Neulich stürzte Irene schwer und musste in ein anderes Pflegeheim verlegt werden. Ich besuchte sie und erlebte sie geistig so rege, wie man es in ihrem Alter erwarten kann, und so temperamentvoll wie immer. Obwohl sie nicht gehen konnte und mehr Hilfe brauchte, blieb sie *am Leben*.

Leider erlitt Irene kurz vor der Fertigstellung dieses Buches einen Schlaganfall, und nur einen Tag, nachdem ich sie mit ihrer ganzen Familie besucht hatte, Erinnerungen und Worte der Zuneigung austauschte, starb sie im Alter von 95 Jahren. Nach den Trauerreden bei einem der schönsten Trauergottesdienste, an dem ich je teilnahm, spielte ein Gitarrist und sang »Goodnight, Irene«. Was für eine wunderbare Art, Abschied zu nehmen!

Eine ähnliche Geschichte: Eine bekannte und gemeindeorientierte Familie (ich habe beschlossen, ihren Namen nicht zu nennen) hatte eine Tochter, die aufgrund einer genetischen Erkrankung viele Jahre in einer renommierten medizinischen Einrichtung leben musste. (Die Familie zählt tatsächlich zu den Begründern einer nationalen Stiftung, die die Forschung über diese Krankheit unterstützt.)

Nachdem die Tochter in der medizinischen Einrichtung ihren Collegeabschluss gemacht hatte, kehrte sie nach Hause zurück, um sich auf ihr Universitätsstudium vorzubereiten, als sie bei einem Autounfall getötet wurde.

Ich musste eine recht lange Strecke fahren, um an der Beerdigung teilzunehmen, und kam verspätet an, aber ich konnte nach den Trauerfeierlichkeiten noch zum Haus der Eltern gehen. Ich nahm die Mutter des Mädchens in die Arme und sagte: »Niemand kann Ihren Schmerz nachempfinden, und ich habe nichts als großes Mitgefühl für Sie und Ihre Familie.« Die Mutter begann zu weinen, umarmte mich ebenfalls und sagte: »Sie sind der Erste von allen, die heute hier sind, der versteht.«

Dieses Beispiel soll nicht etwa mein Image aufpolieren, sondern demonstrieren, wie wichtig es in solchen Situationen ist, das Augenmerk auf den entscheidenden Punkt zu lenken.

Darüber hinaus möchte ich betonen, dass wir zwar vielleicht denken, wir müssten unsere Kinder vor dem Thema der düsteren Seite des Lebens schützen, dass unsere Kinder aber auch Gefühle haben und sowohl sehen als auch hören, was sich in unserem Leben ereignet. Es ist für uns, aber auch für sie so viel besser, wenn wir offen sind und diese Themen in einer ruhigen und positiven Atmosphäre ansprechen.

Folgende Geschichte veranschaulicht dies besser als alles andere. Nachdem Sie diese verdaut und sich die Tränen aus den Augen gewischt haben, werde ich Ihnen sagen, um wen es sich dabei handelte.

Ein Mann ging an einem Feiertag zum Abendessen zu einem befreundeten Ehepaar. Seine Frau lag derweil im Krankenhaus im Sterben. Bei seinen Gastgebern waren zwei ihrer Enkelkinder aus einem anderen Bundesstaat zu Besuch – ein elf Jahre alter Junge und ein zehnjähriges Mädchen. Vor dem Eintreffen des Mannes hatten die Gastgeber die Kinder über die Situation ihres Gastes informiert.

Als das Dessert serviert wurde, entschuldigte sich der Eingeladene und sagte, er müsse sich früh verabschieden, damit er zum Krankenhaus gehen und seiner Frau einen Gutenachtkuss geben könne. Sie starb noch am selben Abend, und die Gastgeber teilten es ihren Enkeln am nächsten Morgen mit.

Zwei Wochen später rief der Mann seinen Gastgeber an und fragte ihn, ob er sitzen würde. Das verneinte er, und der Mann sagte: »Bitte setz dich hin, ich will dir etwas vorlesen.«

Dann las er einen Brief vor, den er von der Enkelin seines Gastgebers erhalten hatte. Darin brachte sie ihre tiefe Trauer über den Tod seiner Frau zum Ausdruck, sie sagte ihm ihre Liebe und Unterstützung zu und erklärte ihm, dass er aus der Tatsache Kraft schöpfen solle, dass seine Frau jetzt bei Gott ist, wie ihre Mutter ihr versichert hätte. Zum Schluss schrieb sie, er solle, wenn er irgendetwas brauche, sie bitte anrufen und es ihr mitteilen.
Die beiden erwachsenen Männer weinten sich die Augen aus.
Der Gastgeber rief daraufhin die Mutter des Mädchens an, um herauszufinden, ob sie über den Brief Bescheid wusste, den ihre Tochter geschrieben hatte. Sie war völlig – und natürlich freudig – überrascht, das zu hören, auch wenn ihre Tochter ihr bereits von dem Todesfall erzählt hatte.
Zwei Wochen später schrieb das Kind folgenden Brief als Antwort auf sein Dankesschreiben:

> Lieber ...
> Ich habe mich wirklich gefreut, von Ihnen zu hören. Besonders glücklich war ich zu hören, dass das Schreiben an Ihrem neuen Buch Ihnen ein wenig über Ihre Trauer hinweghilft. Ich weiß, dass ich Ihnen das schon geschrieben habe, aber ich bin immer da, wenn Sie sich die Trauer von der Seele schreiben wollen.
> Ich und meine Mama haben viel miteinander geredet, und meine Mama hat mir gesagt, dass das Sterben etwas Schönes ist, weil man wieder mit Gott vereint wird. Ich hoffe, Sie fühlen sich besser, weil ich aus Ihrem Brief entnehme, dass Sie jede Menge Briefe erhalten haben.
> Tja, jetzt muss ich gehen.

Ich hoffe, bald wieder von Ihnen zu hören. Mein Bruder Ryan lässt Sie grüßen, es tut ihm auch sehr leid, dass Sie diesen Verlust erlitten haben.
Mit besten Wünschen

Diese weisen Worte von meiner damals zehnjährigen Enkelin Jennifer erreichten meinen lieben Freund Rabbi Edward Zerin unerwartet, auf dessen tragische Geschichte ich noch zu sprechen kommen werde.
Könnte es ein besseres Beispiel für den Grund geben, warum solche Dinge sich so stark auf jeden Menschen auswirken und warum Jung und Alt gleichermaßen offen über das Glück und die Trauer im Leben sprechen sollten?
»Mitzwa« ist ein jüdischer Begriff dafür, Gutes zu tun. Es gibt keine bessere Möglichkeit zu beschreiben, wie hilfreich es ist, auf jemanden zuzugehen und die Liebe für einen Nahestehenden zu demonstrieren, als eine »Mitzwa« für ihn zu halten, wenn er sich in einer lebensbedrohlichen Situation befindet ... Aber es ist entscheidend, dies in einer Weise zu tun, dass der Kranke sich sicher und beruhigt fühlt.
Hier folgt neben den drei Vorschlägen, die ich bereits oben gemacht habe, eine Reihe von weiteren Richtlinien, die die meisten professionellen Pflegekräfte für hilfreich halten:

- **Informieren Sie Ihre Angehörigen, dass Sie ein Problem haben.**
  Wenn ein Mensch erfährt, dass er ein gravierendes oder möglicherweise lebensbedrohliches gesundheitliches Problem hat, ist das in jedem Fall schockierend, emotional erschöpfend und Furcht einflößend. Und während direkte Familienangehörige natürlich informiert werden müssen, müssen andere, die nicht so

nahestehen, zurücktreten und den Hauptpersonen die Chance lassen, sich zu sammeln, die Diagnose abzuklären und eine Strategie zu entwickeln, wie sie mit der Situation umgehen können. Wenn Sie eine Nachricht auf Ihrem Telefon sowie eine Art Abwesenheitsnachricht auf Ihrem E-Mail-Account hinterlassen, mit der Sie Anrufer informieren, dass Sie sich über ihren Anruf und ihre Besorgnis freuen, haben Sie bereits den ersten Schritt unternommen, alle zu beruhigen. Informieren Sie sie mit dieser Nachricht, dass Sie erkrankt sind, dass Sie Zeit für die Behandlung benötigen und ihnen Bescheid geben, wenn Sie und/oder Ihre Familie weitere Informationen haben. Bringen Sie zum Schluss Ihre Zuneigung zu dem Anrufer zum Ausdruck. Wenn, wie es in solchen Situationen häufig der Fall ist, die Zahl der Telefonnachrichten überwältigend ist, hinterlassen Sie eine angemessene Botschaft mit dem Hinweis, wie der Anrufer weitere Informationen erhalten kann, oder sorgen Sie dafür, dass sich eine andere Person um die Beantwortung kümmert. Sie können auch eine täglich oder alle paar Tage neu aufgenommene Nachricht mit aktuellen Informationen hinterlassen.

- **Versuchen Sie, die Frage »Wie geht es dir?« aus Ihrem Wortschatz zu streichen.**

Ob im Geschäftsleben oder bei persönlichen Kontakten, diese vier Wörter sind die nutzlosesten und sinnlosesten im Wörterbuch. Niemand interessiert es wirklich, wie es dem anderen geht. Was wir wissen wollen, ist, was denkt er? Was macht er? Welche Sorgen hat er? Überlegen Sie einen Moment. Sie fragen mich: »Wie geht es Ihnen?« Ich antworte: »Mir geht es sehr schlecht« oder »Ich fühle mich nicht wohl« oder »Ich habe eine Erkältung«. Und jetzt sagen Sie mir, was Sie darauf antworten können, um mich aufzuheitern oder Anreiz zu geben, diese Unterhaltung fortzusetzen.

- **Rufen Sie den Erkrankten oder ein Familienmitglied an und erkundigen Sie sich, ob ein Besuch in Ordnung ist – und falls ja, wann Sie am besten kommen können.**
Fragen Sie auch, wie Sie ihnen helfen oder was Sie mitbringen können, das von Nutzen wäre. Seien Sie vorsichtig, wenn Sie Blumen mitbringen. Viele Leute reagieren darauf allergisch. Nehmen Sie darüber hinaus auf die Situation des Kranken Rücksicht, und tragen Sie weder Parfum noch andere Pflegeprodukte auf, die Aromastoffe enthalten. Häufig ist es der Person, die Sie besuchen, zu unangenehm, Sie zum Gehen aufzufordern. Seien Sie einfühlsam und bleiben Sie nicht zu lange.
- **Ihr Besuch sollte einen bestimmten Zweck haben.**
Sie müssen immer bedenken, dass der Mensch, den Sie besuchen, es mit einem gravierenden Gesundheitsproblem zu tun hat. Gewöhnlich steht ihm der Sinn nicht nach Small Talk. Sie sind da, um ihn zu trösten und Ihre Zuneigung zu zeigen.
- **Was ist zu tun, wenn schon andere Personen da sind?**
Vermeiden Sie es, Gespräche mit anderen, die bei Ihrem Besuch anwesend sind, leise oder in einem anderen Raum fortzusetzen – wenn der Kranke mithören könnte. Das habe ich während Annas Krankheit aus

Unachtsamkeit getan, und sie war darüber sehr verärgert. Und das zu Recht.
- **Erkundigen Sie sich nicht nach der medizinischen Ausstattung und anderen Geräten, die Sie sehen.**
Egal welche persönlichen Dinge oder medizinischen Gerätschaften Sie bei Ihrem Besuch sehen, erkundigen Sie sich nicht danach.
- **Wo Sie bei Ihrem Besuch sitzen.**
Stehen Sie während Ihres Besuchs nicht neben dem Patienten, wenn es nicht unbedingt notwendig ist. Achten Sie auf mögliche Hörprobleme des Patienten, damit Sie Ihre Lautstärke entsprechend anpassen können.
- **Gesprächsthemen**
Wie bereits erwähnt, lassen Sie den Patienten das Gespräch führen. Es ist in den meisten Fällen zwar in Ordnung, sich nach seiner Lage zu erkundigen, aber tun Sie das auf nicht aggressive Weise, und bedrängen Sie ihn nicht. Während Ihres Besuchs kann es - insbesondere im Krankenhaus oder einer Pflegeeinrichtung - für medizinische oder pflegerische Dinge zu Unterbrechungen kommen, deshalb sollten Sie Ihre Worte sorgfältig wählen und dem Kranken oder seiner Familie zum Beispiel anbieten, bei anstehenden Aufgaben und Haushaltspflichten etc. zu helfen.
- **Was man sagt, wenn man Trauernden bei Beerdigungen oder zu Hause kondoliert.**
Wenn Sie an einer Beerdigung teilnehmen oder die Familie einer verstorbenen Person besuchen, die Sie kannten und mochten - oder die eines Familienangehörigen von jemandem, den Sie kennen -, ist das

Ausmaß der Trauer vor Ort von dem Alter des Verstorbenen und der Todesursache abhängig. Es sei noch einmal gesagt, dass es wichtig ist, Ihre Trauer zum Ausdruck zu bringen, ohne dramatisch zu sein. Sagen Sie zum Beispiel nicht: »Ich weiß, wie Sie sich fühlen«, »Sie war im Herzen so jung geblieben« oder »Das Leben kann so unfair sein«. Manchmal sendet eine Umarmung des Trauernden die richtige Botschaft. Wie bereits bei einem anderen Beispiel erwähnt, kann niemand, außer die Person, die Sie besuchen, seinen oder ihren Schmerz spüren. Also versuchen Sie es erst gar nicht. Allzu oft gehen Freundschaften dadurch in die Brüche oder fallen trauernde Familien auseinander, weil Freunde das Falsche sagen oder versuchen, sich mit dem Trauernden gleichzusetzen. Das macht diejenigen, die krank sind oder trauern, noch trauriger. Es ist besser, nichts zu sagen, oder die Person einfach zu umarmen oder zu berühren und Ihre Trauer schweigend zum Ausdruck zu bringen. Die Trauernden wissen durchaus, warum Sie da sind.

»Manchmal reicht unsere körperliche Anwesenheit aus, um andere zu trösten oder aufzumuntern. Ich erinnere mich an das kleine Mädchen, das zur Mutter einer kürzlich verstorbenen Klassenkameradin gegangen ist, um sie zu trösten. Als es wieder nach Hause kam, fragte die Mutter des kleinen Mädchens, was es denn getan habe, um die Mutter ihrer Freundin zu trösten.
Leise antwortete das kleine Mädchen: »Ich bin nur auf ihrem Schoß gesessen und habe mit ihr geweint.«

— Glenn Van Ekeren, *The Speaker's Sourcebook*

Ich sagte bei Annas Beerdigung – sowohl in der Kapelle als auch am Grab –, wo wir eine sehr bewegende religiöse Feier abhielten, allen Anwesenden, dass ich mir wünschte, sie würden den Friedhof an diesem Tag in glücklicher und feierlicher Stimmung verlassen. Ich wollte, dass sie alle für immer dankbar sind, dass wir diese wunderbare Frau so viele Jahre lang in unserer Mitte gehabt hatten. Meiner Ansicht nach ist eine Feier des Lebens die beste Art, einen geliebten Verstorbenen zu ehren.

- **Umgang mit Trauer und Tränen**

Wir sollten zwar immer zuversichtlich und positiv sein, wenn wir Kranke oder Trauernde besuchen –, das soll natürlich nicht heißen, dass wir ständig lachen und lustige Geschichten erzählen sollten –, doch es gibt definitiv Zeiten, in denen das einfach unmöglich ist. Dann sollten wir uns bemühen, uns von der Trauer nicht überwältigen zu lassen. Anfang dieses Jahres lag ein Mann, mit dem ich aufgewachsen und seit 79 Jahren befreundet war, im örtlichen Krankenhaus im Sterben. Weil seine Frau Schwierigkeiten mit dem Autofahren hatte, nahm ich sie für einen Besuch bei ihm mit und verbrachte etwa eine Stunde mit ihm. Sein geistiger Zustand hatte sich verschlechtert, und er war sehr verwirrt, aber er erkannte mich, und wir konnten uns unsere Gefühle mitteilen. Als ich mich zum Gehen anschickte, wussten wir beide, dass wir uns das letzte Mal gesehen hatten, und er begann zu schluchzen. Selbstverständlich konnte auch ich meine Tränen nicht zurückhalten, und als wir uns verabschiedeten, konnte ich nicht mehr und verließ das Zimmer. Bringen Sie Trauernden Ihr Bedauern über ihren Verlust zum Ausdruck. Sagen Sie ihnen, dass Sie sehr mit ihnen mitfühlen. Lassen Sie sie wissen, wie sehr Sie den Verstorbenen geschätzt haben, und erinnern Sie an schöne Geschichten von ihm.

»Das Lebensrad hat die Drehung, die wir ihm geben. Wir können nicht alles kontrollieren, was uns geschieht. Aber die Bedeutung, die wir dem, was passiert, beimessen, haben wir unter Kontrolle. Wir können entscheiden, über das Leben zu weinen oder zu lachen. Wir können unser Leben vergeuden, oder wir können unserem Leben einen Sinn geben.
Das bedeutet nicht, dass alles perfekt sein wird, noch dass wir alles bekommen werden, was wir haben wollen, oder sogar, dass wir unbedingt alles nehmen, was unseren Weg kreuzt. Aber es bedeutet, dass wir das Beste aus unserem Schicksal machen können, wie es auch immer aussehen mag.«

— Rabbi Dr. Edward Zerin *A Prisoner of Love*

Edward ist mein enger Freund, ein ausgebildeter Rabbi, Schriftsteller und Lehrer. Mit Mitte neunzig ist er noch immer aktiv und macht sein Ding. Gott segne ihn.

Helfen Sie stets anderen, ein glückliches Leben zu führen.

»Wir tun mehr dafür, dass die Leute ein hohes Alter erreichen, als dafür, dass sie es auch genießen.«

— Frank A. Clark

Bei meiner Gemeindearbeit habe ich einige wirklich wunderbare Menschen kennengelernt, die es aus verschiedenen, in diesem Buch zur Sprache gebrachten Gründen für notwendig hielten, ihr Zuhause zu verlassen und in eine Pflegeeinrichtung zu ziehen.

Viele von ihnen haben Familien, die weit entfernt wohnen und sie nicht so häufig besuchen, wie sie es eigentlich sollten.

Schon allein ein täglicher Anruf kann einen großen Unterschied ausmachen und vermittelt den betagten Menschen das Gefühl der Verbundenheit. Das Gegenteil ist der Fall, wenn zwischen den Familienmitgliedern keine solche Verbindung besteht.

Gute Menschen machen solche Anrufe. Seien Sie gut, denn das sind Sie von Natur aus.

»Sich zu kümmern, ist die Kunst des Teilens. Wenn Sie sich erheben wollen, erheben Sie einen anderen.«

— Booker T. Washington

Meine langjährige Freundin Laurie Caplan-Shern ist Lebensberaterin und zählt zu den »Guten«. Ich habe sie und ihren Mann Steven auf einem Inlandsflug kennengelernt. Laurie hatte selbst ein bemerkenswertes Buch über den Alterungsprozess verfasst, *Giving Birth to My Parents,* in dem sie beschreibt, wie sie realisierte, dass sich das Leben ihrer Eltern mit zunehmendem Alter zu verändern begonnen hatte. Sie erläutert, wie wichtig es für sie war, die Wunden ihrer manchmal konfliktreichen Beziehung zu ihnen zu heilen. So konnten sie es genießen, endlich eine sich nahestehende Familie zu sein. Das war ein Prozess, der ihren Eltern die Reise bis zum Ende erleichterte.

Außerdem berichtete mir Laurie, wie glücklich diese Versöhnung sie selbst gemacht hatte.

Mein Freund und spiritueller Führer, Rabbi Edward Feinstein, erzählte seiner Gemeinde einmal die Geschichte von einem außergewöhnlichen Geschäft, das er einmal betreten hatte. Das Geschäft befand sich in San Francisco und bot schöne Keramiken an. Er bemerkte eine »herrliche Keramikschatulle aus Dutzenden farbigen Fragmenten«, die, wie er mir später erklärte, »eine Art dreidimensionale Collage« war, und er überlegte, sie eventuell zu kaufen.

Er fragte den Geschäftsinhaber, worum es sich handelte. Ihm wurde mitgeteilt, dass es in China häufig zu Erdbeben komme, nach welchen die Familien die großen Scherben aufsammeln und zu einem Handwerker bringen würden, der daraus einzigartig schöne Kunstwerke herstelle.

Und an einem solchen Stück war er interessiert.

Rabbi Feinstein erzählte dies anlässlich des jüdischen Tags der Versöhnung, Yom Kippur, zu dem sich die Juden jedes Jahr versammeln, um von Neuem zu beginnen und sich von

den Fehlern des vergangenen Jahres loszusagen (wie es auch bei anderen Religionen bei ihren verschiedenen religiösen Bräuchen der Fall ist). Diese Fehler hängen gewöhnlich damit zusammen, dass man »mit dem Leben kämpft, sich bemüht, das Richtige zu tun und das Richtige zu sagen«.
»Welche bessere Möglichkeit gibt es«, fragte Feinstein, »um uns selbst zu erneuern, als füreinander da zu sein, einander zu helfen und all die zerbrochenen Stücke zusammenzufügen – die gebrochenen Versprechen, die Pläne, die nie umgesetzt wurden, die nie realisierten Absichten, die Hoffnungen, die sich nie verwirklicht haben? Mit anderen Worten, all die Scherben der Vergangenheit aufzusammeln und zu schönen Beziehungen zusammenzufügen, die unser Leben bereichern werden, aber auch die unserer Angehörigen, wenn die Reise mit den Jahren ihrem Ende entgegengeht.«
Was für schöne Worte!
Apropos ... das erinnert mich an einen Witz mit jüdischem Hintergrund. Strafen Sie mich nicht, ich bin nur der Überbringer.

> Sarah war die letzte der jungen Frauen ihrer Familie, die heiratete. Sie war eine recht einfache Frau, die aus einer kleinen Familie stammte, und sie hatte eine ganze Weile gebraucht, bis sie den richtigen Mann gefunden hatte.
> Am Samstagmorgen nach der Hochzeit versammelten sich alle ihre Freundinnen in der Synagoge und waren begierig darauf herauszufinden, ob sie ihr neues Eheleben genoss. Sie warteten und warteten, und gerade, als der Gottesdienst fast zu Ende war, kam Sarah an und sah erschöpft und ungepflegt aus.
> »Und, Sarah«, fragten sie, »wie ist das Eheleben?«

»Tja«, sagte sie mit leiser Stimme und einem Lächeln auf den Lippen, »es ist gut.«

»Und dein Ehemann?«, fragten sie. »Ist er ein guter Mann?«

Sarah antwortete: »Gestern Abend hatten wir unser erstes Sabbat-Abendessen als Mann und Frau, deshalb habe ich eine gute Mahlzeit vorbereitet, genau so, wie mir es meine Momma beigebracht hat, und ich habe den Tisch schön gedeckt.

Mein Mann kam an den Tisch und war sehr beeindruckt. Ich zündete die Sabbat-Kerzen an und sprach den Segensspruch. Dann sagte mein Mann zu mir: ›Sarah, im Haus meines Großvaters war es üblich, dass er meine Großmutter nach dem Entzünden der Sabbat-Kerzen nach oben führte, um als Mann und Frau zusammen zu sein.‹ Deshalb sind wir nach oben gegangen.

Nach etwa einer Stunde kamen wir wieder hinunter und setzten uns an den Tisch, und mein Mann hob den Weinbecher und sprach den Segensspruch. Dann sagte er: ›Sarah, im Haus meines Onkels war es üblich, dass meine Tante und mein Onkel nach der Segnung des Weins nach oben gingen, um als Mann und Frau zusammen zu sein.‹ Deshalb sind wir nach oben gegangen.

Nach etwa einer Stunde kamen wir wieder hinunter, setzten uns an den Tisch, und er hob das Challah (das jüdische Zopfbrot) hoch und sprach den Segen über das Brot. Dann sagte er: ›Sarah, im Haus meines Cousins war es üblich, dass mein Cousin, nachdem er den Segen über das Brot gesprochen hatte, mit seiner Frau nach oben ging, um mit ihr als Mann und Frau zusammen zu sein.‹ Deshalb sind wir nach oben gegangen.

Und das wiederholte sich bei der Suppe, dem Hauptgang und dem Dessert.
Und ihr fragt mich, wie das Eheleben ist? Und wie mein Mann ist? Ich sage es euch. Reich ist er nicht. Schön ist er nicht. Ein Gelehrter ist er auch nicht. Aber Junge, was hat er für eine wunderbare Familie!«

Gemeinschaft und Liebe sind nicht nur für die Jungen da.

Neulich stieß ich auf die schönen und inspirierenden Worte der Dichterin Merrit Malloy. Sie bringen die Gefühle, über die Anna und ich in ihren letzten Tagen miteinander gesprochen haben, besser zum Ausdruck, als ich es je könnte. Außerdem geben sie meine eigene Ansicht wieder, dass der Tod eines lieben Partners die Liebesbeziehung nicht beenden, sondern sie vielmehr auf eine höhere Ebene führen sollte.

*Wenn ich sterbe
Und ihr weinen müsst,
weint um jemanden, der
auf der Straße neben euch geht.*

*Wenn ihr mich braucht,
legt die Arme um andere
und gebt ihnen, was ihr mir geben wollt.*

*Ihr könnt mich an meisten lieben,
wenn ihr zulasst, dass Hände Hände
und Seelen Seelen berühren.*

*Ihr könnt mich am meisten lieben,
wenn ihr eure Freuden teilt
und eure guten Taten vermehrt.*

Ihr könnt mich am meisten lieben,
wenn ihr mich in euren Augen leben lasst,
nicht in eurem Geist.

Und wenn ihr das Kaddish (ein Gebet) für mich sprecht,
denkt daran, was in der Thora steht,
Die Liebe stirbt nie,
die Menschen schon.

Und wenn alles, was von mir übrigbleibt, Liebe ist,
dann gebt mich weg.

Als ich mich immer mehr für diese letzte Lebensphase zu interessieren begann, fing ich natürlich an, über meine eigene Situation und meine eigenen Vorstellungen nachzudenken. Schließlich hatte ich mit Anna, die nur wenige Monate, bevor ich dieses Buch zu schreiben begann, gestorben war, nahezu dreißig Jahre eine sehr bemerkenswerte Beziehung geführt.

Eine der schwierigsten Aufgaben für einen alten Menschen in einer ähnlichen Situation ist, anderen verständlich zu machen, dass wir nicht »versorgt« werden wollen und uns in keiner Notlage befinden. Dass es vielmehr um »Teilhabe« und einen »Wunsch« geht.

Nämlich Gemeinschaft.

Das Letzte, wonach ich suchte, als ich in ein Zentrum für betreutes Wohnen einzog, waren Gemeinschaft und Romanzen. Tatsächlich wurde ich von Freunden häufig geneckt, die mich fragten, wie ich damit umgehen würde, mit so vielen alleinstehenden Frauen zusammenzuwohnen, und ich antwortete stets, dass mir dieser Gedanke nie in den Sinn gekommen sei – und das war tatsächlich der Fall.

Mary war über sechzig Jahre alt und Joe in seinen Siebzigern. Sie waren seit 35 Jahren verheiratet. Eines Abends sagte Joe zu Mary: »Ist dir klar, dass ich vor etwa 35 Jahren ein kostengünstiges Apartment bewohnte und einen Kleinwagen fuhr, dass ich auf der Couch geschlafen habe, einen kleinen Fernseher hatte und wann immer ich wollte, mit einer sexy Blondine schlafen konnte? Jetzt habe ich ein großes Haus, ein großes Doppelbett und den neuesten Großbildfernseher. Ich habe ein maßgeschneidert ausgestattetes Auto, esse in den besten Restaurants, reise um die Welt, lade zu rauschenden Partys in mein Haus ein und schlafe mit einer 62 Jahre alten Blondine.«

Mary dachte einen Augenblick darüber nach und antwortete: »Liebling, wenn du rausgehst und dir eine junge, sexy Blondine suchst, sorge ich dafür, dass du wieder ein billiges Apartment bewohnst, ein kleines Auto fährst, eine Couch zum Schlafen und einen kleinen Fernseher hast.«

Nach ein paar Monaten in der neuen Einrichtung gab es mehrere Ereignisse, die mich veranlassten, mich mit meinen Gefühlen gegenüber dem Altern und Romanzen eingehender auseinanderzusetzen, und ich dachte über die Worte des Dichters William Butler Yeats nach:

> *»Wein kommt durch den Mund hinein und Liebe durch das Auge; das ist alles, was wir mit Sicherheit wissen können, bevor wir alt werden und sterben.«*

Weil ich geistig noch immer rege bin, empfand ich es als besondere Herausforderung, mit einer Gruppe von Menschen

zusammenzuleben, die zum größten Teil stärker beeinträchtigt waren und deren Leben sich zumeist aufgrund von körperlichen und geistigen Problemen verlangsamt hatte.
Ich lernte ein paar Frauen kennen, mit denen ich eine soziale Beziehung unterhielt. Nicht viele. Doch weil diejenige, die ich damals am meisten bewunderte, kein Interesse an einer langfristigen Beziehung hatte, war es für mich das Gleiche, als hätte ich niemanden.
Leider wurde es schwieriger, *überhaupt* Beziehungen zu pflegen, als ich mich intensiver mit der Niederschrift dieses Buches beschäftigte, und weil darüber hinaus Gerüchte über meine Beziehungen außer Kontrolle gerieten.
Wie ich leider herausfinden musste, gerät man, wenn man in einem »geschlossenen Umfeld« wie einer Einrichtung für betreutes Wohnen lebt, schnell in den Verdacht, eigennützig zu sein. Und egal, wie ehrlich die eigenen Absichten sind, die anderen Beteiligten sind einfach nicht offen für Beziehungen und neigen dazu, alles, was man tut, infrage zu stellen.
Ich brauchte eine Weile, bis mir klar wurde, dass ich, anstatt mich um Anpassung zu bemühen, ich selbst sein musste. Deshalb habe ich mein Leben – mit 84 Jahren – umgekrempelt und lerne weiter hinzu. Ich bin gewisse Kompromisse eingegangen und führe jetzt ein glückliches Leben. Ich habe neue Freunde gefunden, pflege aber auch meine langjährigen Kontakte außerhalb meines Wohnumfelds.
Als ich mit so vielen alleinstehenden Männern und Frauen in meinem Alter gesprochen habe, erfuhr ich, dass wenige, aber nicht viele, sich ebenfalls einen Gefährten wünschten, doch eher, weil sie sich einsam fühlten, nicht weil sie sich nach Liebe sehnten.

Mein »Wunsch« ist, mit einem Menschen zusammen zu sein, mit dem ich eine emotionale und liebevolle Beziehung führen kann; mit einer Person, die das Leben genießt und ungeachtet irgendwelcher körperlicher Einschränkungen mit großer Vorfreude jedem Tag entgegensieht.

Es wäre mein Wunsch, deren Unabhängigkeit zu respektieren, die Person zu ermuntern, ihr Wissen und ihre Kreativität, anderen zu helfen, so gut sie kann, zu nutzen, und ein sinnvolles und produktives Leben zu führen. Und die es immer genießen würde, sich in die Arme des anderen zu kuscheln.

Aber ich teile nicht die verbreitete Ansicht, dass ältere Menschen nicht Partner von jüngeren Personen sein dürften oder diese aus Angst vor dem Tod nicht heiraten sollten – das ist meiner Meinung nach absurd, weil niemand weiß, was der morgige Tag bringen wird. Heutzutage kann man – ungeachtet des Alters – so viel Freude haben, wenn man es nur zulässt. Ist die Motivation ehrlich und nicht selbstsüchtig, dann scheinen mir Altersunterschiede kein Hindernis für Glück zu sein.

Neulich traf ich eine Frau in den Siebzigern. Sie besuchte gerade ein Pflegeheim, und ich interviewte sie für dieses Buch. Sie erzählte mir, sie sei hier, um ihren Mann zu besuchen, der aufgrund einer Alzheimer-Erkrankung und anderer gesundheitlicher Probleme seit drei Jahren bettlägerig sei. Sie vertraute mir an, dass er nach 54-jähriger Ehe schwer erkrankt sei und sich ihr ganzes Leben verändert habe. Obwohl sie eine glückliche Ehe geführt hätten, hatte seine Pflege sie erschöpft, und jetzt gab es keine Liebe mehr zwischen ihnen. Sie fühlte sich einsam.

Schließlich war sie eine Beziehung mit einem Witwer eingegangen und sprach offen und direkt darüber. Sie war mit ihrer Beziehung sehr glücklich. Zugleich fühlte sie sich verpflichtet, alles in ihrer Macht Stehende zu tun, damit es ihrem Mann gut ging.

Pflegekräfte haben mir berichtet, dass diese Situation aufgrund der zusätzlichen Jahre, die der medizinische Fortschritt uns geschenkt hat, nicht ungewöhnlich ist. Hätte mir jemand früher gesagt, dass ich meine Frau überleben würde (Anna war zwölf Jahre jünger als ich), dann hätte ich ihm oder ihr gesagt, dass sie wohl nicht bei klarem Verstand sei. Ich erwartete, dass die Liebe, die ich mit Anna geteilt hatte, irgendwann im Herzen einer anderen Frau aufblühen würde. Zwar beunruhigte mich dieser Gedanke anfangs, doch dann wurde mir klar, dass die Vorstellung einfach unrealistisch ist, dass man, wenn man einmal eine wunderbare Liebe in seinem Leben gehabt hat, nie mehr eine neue haben könne.

> *»Weisheit ist die Qualität, die einen davor bewahrt, in Situationen zu geraten, in denen man sie benötigt.«*
> — Doug Larsen

Wie bereits erwähnt, werden gute Dinge, die wir aus selbstlosen Gründen tun, von anderen manchmal als eigennützig empfunden. Das müssen wir auf unserem Lebensweg in Erwägung ziehen.

Von meiner Beziehung zu Rabbi Ed Zerin habe ich bereits kurz berichtet. Die Tragödie des Unfalls seiner Frau Marjory hat uns zusammengeführt. Was ich jedoch nicht beschrieben habe, ist die Tatsache, wie dieser bemerkenswerte Mann mit Mitte neunzig trotz einiger altersbedingter Erkrankungen weitermacht und jeden Tag seines Lebens genießt.

Kurz nach Marjorys Tod traf Rabbi Ed durch eine Reihe von Zufällen eine Frau, die er schon seit einigen Jahren kannte und deren Trauung der Rabbi viele Jahre zuvor abgehalten hatte.

Zwischen ihm und Jill, einer Sprachtherapeutin, die jetzt Ende siebzig ist, funkte es sofort. Sie heirateten, und er zog in die Region San Francisco, wo sie wohnte. Sie liebten einander, haben die Welt bereist, sind zum Essen ausgegangen und trafen sich häufig mit ihren jeweiligen Familien.

Ich kann gar nicht genug hervorheben, wie sehr die Liebe uns aufblühen lässt und unser Leben durch einen Partner bereichert wird, der jeden Augenblick, der uns geschenkt ist, trotz der uns von der Natur in den Weg gelegten Hindernisse mit uns teilt.

Im Mai 2015 werde ich an Eds 95. Geburtstagsparty teilnehmen.

Meine liebe Freundin Mara Brown, eine bekannte Schriftstellerin, Unternehmensberaterin und Betreuerin schreibt in ihrem Buch *The Interior Castle* über die Angst, die Menschen davor haben, geliebt zu werden, und wegen dieser Angst und/oder schlechter Erfahrungen in Beziehungen »durch das Leben gehen, als wohnten sie in einer Burg, in deren Burggraben es vor Alligatoren nur so wimmelt«.

Indem viele sich also weigern, die möglicherweise wunderbaren Chancen zu erkennen, die Liebesbeziehungen ihnen bieten könnten, werden sie dadurch, dass sie ein Sicherheitsnetz um sich herum spannen, davon abgehalten, ihr Leben in vollen Zügen zu genießen.

Auf der anderen Seite gibt es zum Glück die Geschichte von Roz und Joe Kane (Joe verstarb kurz, bevor dieses Buch in den Druck ging). Sie waren beide Ende achtzig und die besten Menschen, die man sich als Freunde wünschen kann. Sie lebten weit entfernt von ihren erwachsenen Kindern, die sie sehr liebten, in einer Einrichtung. Sie hatten zahlreiche körperliche Probleme und deshalb eine Pflegekraft, die ihnen rund um die Uhr beistand. Sie waren viele Jahre verheiratet und liebten einander innig und aufrichtig.

Es ist dieser Liebe und Hingabe zu verdanken, dass sie jeden Tag ihres gemeinsamen Lebens genießen konnten und immer ein Lächeln auf den Lippen hatten. Stets grüßten sie alle, die sie kannten, herzlich.

In vielen Liedern, Gedichten und anderen Texten heißt es, dass die Eins die einsamste Zahl der Welt ist. Diejenigen, die allein bleiben – insbesondere ab der Lebensmitte –, versagen sich die Chance, eine liebevolle Beziehung zu führen, und sterben oft, bevor sie tot sind.

> *Es ist nie zu spät, eine Affäre zu haben,*
> *denn der Herbst ist ebenso schön wie der Frühling.*
> *Und es ist nie zu spät, sich zu verlieben.*
>
> — Von mir

Eine attraktive Frau Anfang siebzig erzählte mir einmal, dass sie und ihre Freundinnen vergeblich versucht hätten, Seniorenheime oder andere Einrichtungen ausfindig zu machen, in denen Frauen wie sie einen Freund finden und eine Beziehung aufbauen konnten. Das ist etwas, mit dem sich alle Gemeinschaften befassen müssen.

> »*Liebe ist die Medizin gegen die Krankheit der Menschheit.*
> *Wir können leben, wenn wir lieben.*«
>
> — Dr. Karl Menninger

Noch mehr zu diesem Thema:
Judi und Bob sind Ende achtzig und seit 64 Jahren verheiratet. Sie haben drei Söhne und eine Tochter. Beide sind in kleinen Gemeinden in Texas aufgewachsen. Bobs Vater starb, als Bob noch sehr jung war, und Bob mühte sich zusammen mit Judi ab, eine Ausbildung zu machen, sich eine Karriere aufzubauen, seinen Dienst in der Armee abzuleisten und eine Familie zu gründen.
Bob war in der Welt der Finanzdienstleistungen sehr erfolgreich und als Vorstand und angesehener Manager in zahlreichen großen Organisationen tätig.
Obwohl er inzwischen durch eine Alterserkrankung eingeschränkt ist, bietet er anderen noch heute Rat und Hilfe an ... während er und Judi ihre seit mehr als sechzig Jahre bestehende Liebesbeziehung fortführen. Ihr Ziel ist es, das Leben weiter zu genießen. Sie sind glücklich, dass ihre Familie ihnen nahesteht, auch wenn einige Angehörige weit entfernt wohnen, und sie freuen sich stets auf die Familienzusammenkünfte.
Wenn wir die Freude vieler Menschen darüber sehen, ihre letzten Jahre gemeinsam verbringen zu können, und von den vielen Tragödien lesen, die das Leben junger Menschen beeinträchtigen, sollten wir motiviert sein, unsere Reise durch das Leben frühzeitig sehr detailliert zu planen, die vielen Chancen, die wir haben, niemals aus den Augen zu verlieren, und die Hindernisse, die die Natur und die Gesellschaft uns oftmals in den Weg legen, zu überwinden, um jeden uns gegebenen Augenblick nach Kräften zu genießen und stets für die Liebe offen zu sein.
Hm.
Gut.

Tiefes Durchatmen ist hier dringend angesagt. Ein böser Witz, dann geht es mit dem nächsten Kapitel weiter:

> Kate und Charles, ein Paar Anfang achtzig, saßen vor dem Fernseher, als Kate zu Charles sagte, dass sie in die Küche gehen würde, um sich etwas Eiscreme zu holen. Charles erklärte, sie solle sitzen bleiben, er würde es für sie holen. Und er fragte, was sie denn haben wollte.
> Sie antwortete: »Ich möchte einen Löffel Vanilleeis mit ein bisschen Schokoladensirup. Obendrauf möchte ich ein paar gehackte Nüsse, darüber Schlagsahne und ein paar Schokosplitter.«
> Er erwiderte: »Okay. Vanilleeis mit Schokoladensirup, darüber gehackte Nüsse, Schlagsahne und Schokosplitter.«
> Er ging davon und kam nach zehn Minuten mit zwei Rühreiern mit Schinken zurück. Sie betrachtete, was er gebracht hatte, und sagte: »Du hast meinen Toast vergessen.«
> Und so leben sie noch heute.

> *Diese Dinge sind so unglaublich schön:*
> *die angenehme Schwäche, die auf den Schmerz folgt,*
> *das strahlende Grün, das nach dem Regen kommt,*
> *der vertiefte Glaube, der auf die Trauer folgt,*
> *und das Erwachen einer neuen Liebe.*
>
> — Von mir (schon wieder)

Die Erkenntnis, dass wir unsere Unabhängigkeit aufgeben müssen.

Eine der schwierigsten Entscheidungen, die ein Mensch in seinem Leben zu treffen hat, fußt auf folgender Erkenntnis: Dass entweder sein Lebensstil und seine Aktivitäten oder die seines Lebenspartners durch ein gesundheitliches Problem oder eine körperliche Einschränkung beeinflusst sein können und dass dies mit anderen an ihrem Leben Beteiligten diskutiert werden muss. Das Versäumnis, rechtzeitig zu handeln, könnte den Unterschied zwischen einer einfachen Lösung des Problems oder dem frühzeitigen Tod bedeuten. Es ist schließlich keine Schande, sich einzugestehen, dass man älter wird und dass es Verschleißerscheinungen gibt. Wir alle kennen viele Leute, die herzhaft lachen können, wenn sie über diese Themen sprechen.

Das vielleicht Erstaunlichste, was ich durch die Recherchen und die Niederschrift dieses Buches gelernt habe, war die Zahl der Familienangehörigen, mit denen ich gesprochen habe, die in ständiger Angst und Frustration leben, weil sich die Person, um die sie sich sorgen, weigert, sich an eine körperliche Einschränkung anzupassen. Leider sind diese Personen diejenigen, die am Ende die Last zu tragen haben, wenn der alte Mensch einen Unfall erleidet, der hätte verhindert werden können.

Hier wird es ernst, doch bevor wir näher darauf eingehen, liefere ich Ihnen zwei schlechte Witze. Der eine ist recht lustig, der andere düster. Sie werden schon wissen, welcher. Und dann geht es ernst weiter.

> Ein 101 Jahre alter Mann und seine 95 Jahre alte Frau erscheinen vor einem Richter und fordern nach 75-jähriger Ehe die Scheidung. Der Richter sieht sie neugierig an und fragt: »Warum haben Sie so lange gewartet, wenn Sie so unglücklich waren?«
> Der Mann antwortet: »Wir wollten warten, bis unsere Kinder gestorben sind.«

> Ein älteres Ehepaar, das seit über sechzig Jahren verheiratet war, lag im Bett, als die Frau spürte, dass ihr Mann mit der Hand ihren Körper hinauf- und hinunterstrich. Das erregte sie sehr, weil es schon einige Zeit her war, dass er das getan hatte.
> Sanft strich er mit der Hand ihren Rücken hinauf und hinab, über ihre Beine und empfindliche Stellen, auch über ihren Bauch.
> Er berührte ihren Po, strich an ihren Beinen entlang, und sie war wirklich sehr erregt. Und dann hörte er mit einem Mal auf.
> Mit leiser, verschmuster Stimme sagte sie: »Liebling, das hat sich so gut angefühlt. Warum hast du aufgehört?«
> Er antwortete: »Ich habe die Fernbedienung gefunden.«

Okay? Okay. Eine notwendige Überleitung. Glauben Sie mir. Also, dann wollen wir ernst werden. Und es wird wirklich ernst.
Lassen Sie uns über die Entscheidung sprechen, unsere Unabhängigkeit aufzugeben.

Der Schriftsteller John Scheibe sagte einmal: »Ein Leben ist nicht wichtig, außer in seiner Auswirkung auf das Leben anderer.« Wahre Worte, besser kann man es nicht ausdrücken. Ja, ich bin dieser Meinung.

Im Laufe des Alterungsprozesses erkennen wir entweder selbst (wenn wir es nicht verleugnen) oder unsere Angehörigen beginnen zu erkennen, dass wir nicht mehr so fit sind wie früher. Unser Lebenspartner ist vielleicht verstorben oder befindet sich in der gleichen Situation wie wir, deshalb müssen ernste Entscheidungen mit Blick auf unsere zukünftigen Bedürfnisse getroffen werden.

Selbstverständlich möchte niemand seine Unabhängigkeit aufgeben und sich ganz auf andere verlassen müssen. Doch wie fair ist es, die Last der Hilfe, um uns durch die Reise unseres Lebens zu führen, unseren Angehörigen, den Pflegekräften und der Gesellschaft aufzubürden, nur weil wir die Freiheit haben wollen, unseren Lebensstil zu bestimmen, aber nicht mehr in der Lage sind, das zu tun?

Dieses Problem muss lange im Voraus gelöst werden, denn sollte es so weit sein, kann eine kluge Planung zu einem vergleichsweise zufriedenstellenden Ausgang führen. Wenn wir in den Fünfzigern sind, sollten wir angefangen haben, mit unseren Angehörigen und dem Hausarzt offen über all die Probleme zu sprechen, die unser Leben beeinflussen könnten, wenn der Alterungsprozess seinen natürlichen Lauf nimmt. (Angesichts der Zahl der Todesfälle in jungen Jahren sollten wir dies genau genommen schon vor unserem fünfzigsten Geburtstag tun.) Ein Beispiel: Neue statistische Erhebungen legen den Schluss nahe, dass Alzheimer zu den Krankheiten zählt, die sich schon früh, so um unseren fünfzigsten Geburtstag herum, anzukündigen beginnen.

Meiner Erfahrung als ausgebildeter Hospizpfleger nach, aber auch aufgrund der Erkenntnisse durch Gespräche mit anderen, ist Akzeptanz eines der wichtigsten, aber am wenigsten in Betracht gezogenen Probleme, mit denen wir im Leben konfrontiert werden.

»Wenn ein Vater seinem Sohn helfen kann, lachen beide. Wenn ein Sohn seinem Vater helfen muss, weinen beide.«

— Rabbi Joseph Telushkin, jüdisches Sprichwort

Die schwierigste Entscheidung

Die Entscheidung, wie Sie den Rest Ihres Lebens verbringen wollen und mit wem, muss ungeachtet Ihrer persönlichen Situation – ob Sie verheiratet oder alleinstehend sind, allein oder bei Ihren Eltern leben – gefällt werden. So traumatisch dies für jeden Einzelnen auch sein mag, halten Sie kurz inne und überlegen Sie, welche Auswirkung diese Entscheidung für diejenigen hat, die sich um uns kümmern, selbst wenn sie nicht mit uns zusammenleben oder weit entfernt von uns wohnen.

Vor allem aber: Wenn Sie jetzt nicht planen und für den Fall, dass diejenigen, die bereit waren, sich um Ihre Pflege zu kümmern, versterben sollten, mehrere Notfallpläne ausgearbeitet haben, werden Sie später in ernsten Schwierigkeiten stecken. Dann hat man *Zores*, wie man im Jiddischen sagt.

Während der Weltwirtschaftskrise in den 1930er-Jahren lebten die Familien in den Vereinigten Staaten nahe beieinander und halfen sich gegenseitig, sich um die alten und kranken Angehörigen zu kümmern. In meinem Fall erlebten wir den Alterungs- und Todesprozess hautnah mit, weil Großmama bei uns wohnte und buchstäblich im Zimmer nebenan alt wurde und starb.

Das ist inzwischen Geschichte: »Früher« war alles anders. Punkt.

Mit der Zunahme der Regierungsprogramme (wie zum Beispiel Medicare – *die* bundesstaatliche Krankenversicherung innerhalb des Gesundheitssystems der USA für ältere oder behinderte Bürger), der Ausweitung der Pflegeeinrichtungen und der Mobilität der Bevölkerung gingen signifikante Veränderungen einher, die die tägliche Erfahrung zu Hause mit einem Schlag in abgelegene Standorte verlagerten. Das belastet inzwischen unsere Wirtschaft, die Gesellschaft und die Familien.

Die großen geografischen Entfernungen zwischen uns und unseren alternden Angehörigen setzen uns alle massiv unter mentalen, finanziellen und moralischen Druck. Immer mehr Familien sind mit der Entscheidung konfrontiert, ob sie näher zu ihren alternden Angehörigen ziehen sollen oder ob die alternde Person aus ihrem angestammten Umfeld herausgerissen werden und in die Nähe der Familie geholt werden soll – wodurch sie in eine Gemeinde verpflanzt wird, in der sie keinerlei Wurzeln hat.

Ein weiteres damit zusammenhängendes wichtiges Problem bei der Aufgabe der Unabhängigkeit ist der Verzicht auf das Autofahren. Wir hören jeden Tag davon, dass ältere Autofahrer in tödliche Unfälle verwickelt sind. Und in den meisten Fällen sind es die Beifahrer, die bei diesen Unfällen ums Leben kommen oder schwer verletzt werden.

Besonders traurig daran ist, dass die Familie des betagten Autofahrers, seine Ärzte und alle, die ihn kennen, sich gewöhnlich davor fürchten, das Thema anzusprechen oder etwas zu unternehmen, bis es zu spät ist.

Ich selbst war Zeuge eines Unfalls, bei dem drei Personen ums Leben kamen. Eine davon – die Fahrerin, die ich nicht kannte – war die 81 Jahre alte Mutter eines Freundes von mir. Sie verlor die Kontrolle über das Fahrzeug. Wenn Sie sich umbringen wollen, na schön! Aber bitte bringen Sie mich nicht um.

Weiter mit den Realitäten ...

In einer Einrichtung für betreutes Wohnen in Südkalifornien lebt ein sehr netter und liebevoller Mensch, der so stark an Demenz erkrankt ist, dass er oft den Weg nach Hause nicht mehr findet und nicht weiß, welcher Tag gerade ist. Nichtsdestotrotz ist dieser Mann rechtlich für die finanziellen Angelegenheiten eines Freundes verantwortlich, der in einer ähnlichen Einrichtung lebt.

Wie kommt es dazu?

Als ich mich nach dem Grund erkundigte, wurde mir mitgeteilt, dass die Freunde und Familie des Betreffenden nichts mit diesen Angelegenheiten zu tun haben möchten und dass die Familie des rechtlich Verantwortlichen diesen nicht belasten will, indem sie ihn von dieser Verantwortung entbindet – und das, obwohl sie für mögliche negative Folgen seiner Handlungen haftbar gemacht werden könnte.

> *»Ein kluger Mensch plant voraus, um sicherzustellen, dass die Reise glatt verläuft.«*
>
> — Wieder von mir

WEISHEITS-NUGGET #19

Beim Umgang mit den Problemen von uns Alten oder Schwerkranken brauchen unsere Familien uns ebenso, wie wir sie brauchen.

Niemand kann leugnen, dass die Diskussion über Leben und Tod sehr schwierig sein kann. Der Betroffene und seine Angehörigen tun häufig alles, um dieses Thema nicht ansprechen zu müssen. Tatsache ist aber, dass es jeder am Ende des Lebens deutlich einfacher finden wird, mit all den Problemen umzugehen, wenn man sich auf einen Plan geeinigt hat.
Wie und wann sollten Sie damit beginnen?
Als ich 1994 im Northridge Medical Center Hospice arbeitete, wurde ich gebeten, Alex einen Besuch abzustatten, einem in Brooklyn geborenen und aufgewachsenen Mann in den Siebzigern, der an Krebs im Endstadium litt.
Er und seine sehr fürsorgliche Frau, die als Lehrbuchvertreterin arbeitete, wohnten in einem Apartmentkomplex, der beim Erdbeben von 1994 Schauplatz massiver Zerstörungen gewesen war und an dem viele Menschen ihr Leben gelassen hatten.
Seine Frau hatte mir mitgeteilt, dass sie zwei Söhne hatten, die nicht weit entfernt wohnten und dass sie große Auseinandersetzungen führen würden, weil Alex mit ihnen nicht über seine Krankheit, seine Gefühle über das Leben und all

die anderen Themen, die in diesem Buch erläutert werden, reden wollte.

Nachdem ich mehrere Stunden mit ihm verbracht hatte, in denen ich ihm vorsichtig erklärt hatte, warum ich da war, und ihm ein paar grundlegende Fragen gestellt hatte, wurde mir schnell klar, dass meine Aufgabe nicht leicht werden würde. Seine Frau war außer sich und einem Zusammenbruch nahe, weil Alex sie und die Familie völlig zurückwies.

Ich ging nach Hause und überlegte mir meinen nächsten Schachzug. Am folgenden Tag rief mich Alex' Frau an und sagte mir, dass er mich nicht noch einmal sehen wolle. Doch wenn Sie aufmerksam gelesen haben, wissen Sie inzwischen, dass ich zu den Menschen zähle, die nicht so schnell aufgeben.

Am nächsten Tag rief ich Alex an und bat, ihn sprechen zu dürfen. Ich sagte: »Ich möchte Sie morgen gern zum Mittagessen einladen und weiter mit Ihnen reden. Wenn Sie mich danach nie mehr wiedersehen wollen, halte ich mich daran.« Zögernd stimmte er zu, und ich vereinbarte, ihn abzuholen und mit ihm zu einem Restaurant in der Nähe seiner Wohnung zu fahren.

Als wir Platz genommen hatten, sagte er: »Was wollen Sie? Ich bin auf den Straßen von Brooklyn aufgewachsen und kenne Leute wie Sie. Sie versuchen, mir meine Frau wegzunehmen. Sie können sie nicht haben. Sie sind hinter meinem Geld und meinem Auto her. Auch das können Sie nicht haben. Jeder ist im Leben hinter irgendetwas her, und da sind Sie keine Ausnahme.«

Ich erklärte ihm, dass ich nichts davon haben wolle und dass mein Lebensziel darin bestehe, anderen – wie ihm – zu helfen, wenn sie in einer Notlage wären. Ich erzählte ihm, dass seine Familie völlig frustriert über ihn und seine Weigerung sei, über seine Gefühle, seine Krankheit und wie er zum Leben und zum Tod stehe, zu reden. Wir sprachen über die Tatsache, dass seine Söhne ihn nicht mehr besuchen wollten und aus welchem Grund, und dass seine Frau Angst hatte, abends von der Arbeit nach Hause zu kommen. Schließlich machte ich ihm den Vorschlag, dass er, wenn er es nicht über sich brächte, direkt mit der Familie zu sprechen, diese bitten könnte, ihm ein Tonbandgerät zu besorgen, damit er sich mithilfe dieses Geräts öffnen könnte.

Am nächsten Tag rief mich seine Frau an und weinte am Telefon. Sie fragte mich, was beim Mittagessen denn passiert sei. Ich fragte, warum, und sie antwortete, dass Alex, als sie am Vorabend nach Hause kam, weinend auf dem Bett gesessen habe. Er habe sie gebeten, ihm ein Tonbandgerät zu kaufen, und dann hätten sie beide weinend dagesessen und sich die ganze Nacht über seine Situation unterhalten.

Wenn wir das Alter von fünfzig Jahren erreichen, müssen wir anfangen, mit unseren Angehörigen über unsere Gedanken über das Leben und den Tod zu sprechen. Eine Möglichkeit, das zu tun, ist, über die Gefühle zu reden, welche Aspekte im Leben für Sie am bedeutsamsten sind. Sprechen Sie auch darüber, wie Ihre religiöse oder spirituelle Einstellung, falls vorhanden, Ihre Gefühle dem Sterben und dem Tod gegenüber allgemein beeinflusst.

Indem Sie diese Fragen des Lebensendes mit Ihren Angehörigen besprechen, werden Sie nicht nur die Chance vergrößern, dass Ihre Wünsche erfüllt werden, sondern auch dass andere Fragen berücksichtigt werden, wie zum Beispiel: Wie wichtig ist es Ihnen, selbstbestimmt zu leben und in Ihrem Haus/Ihrer Wohnung zu bleiben? Was sind die Nachteile davon? Und vor allem: Wie wird sich das auf diejenigen, die für Ihre Pflege verantwortlich sein werden, auswirken? Und schließlich, falls sich die Frage stellt: Bevorzugen Sie, zu Hause zu sterben?

Eine solch offene Diskussion wird immens dazu beitragen, die Sorgen all derjenigen zu mindern, die Sie lieben und unterstützen. Und zugleich müssen diese Angehörigen, so schmerzhaft es auch ist, innehalten, tief durchatmen und sich den großen Schmerz eingestehen. Denn auch sie müssen akzeptieren, dass sich ihr Leben verändern wird.

Ich wiederhole mich zwar nur ungern, aber ich muss hervorheben, dass es von größter Wichtigkeit ist, dass alle an dieser Diskussion Beteiligten nicht nur vollkommen übereinstimmen, sondern auch verstehen müssen, dass es die Pflegenden sein werden, die die Last zu tragen haben – und dass deren Bedürfnisse wichtiger sind als die Ihren.

Bedenken Sie das. Ohne die Pflegenden könnten Sie ordentlich im Schlamassel stecken.

Bei dieser Diskussion, die unbedingt von Zeit zu Zeit, wenn die Verhältnisse sich ändern, wiederholt werden muss, ist es klug, darüber zu sprechen, was Sie auf Ihre Gedanken gebracht hat, beispielsweise ein Artikel, den Sie gelesen haben, oder dass Sie beobachtet haben, wie Bekannte schwere Krankheiten bekamen und starben und so weiter.

Darüber hinaus müssen folgende Schritte unternommen werden, damit die Reise so glatt wie möglich verläuft. Suchen Sie auch den Rat und die Hilfe von qualifizierten Fachkräften, wenn Sie den Eindruck haben, diese zu benötigen.

- **Machen Sie sich umgehend an die Nachlassplanung.**
  Bereiten Sie für den Fall Ihrer möglichen Geschäftsunfähigkeit Dokumente vor, wie zum Beispiel eine Vorsorge- und Betreuungsvollmacht, eine Patientenverfügung sowie ein Testament oder einen Trust. Achten Sie darauf, dass Ihre Angehörigen Kopien aller Dokumente erhalten, und wissen, wo die Originale verwahrt werden.
- **Stellen Sie eine medizinische Geschichte und damit verbundene Informationen zusammen.**
  Zu den wichtigsten Schritten, die Sie unternehmen können, zählt sicherzustellen, dass Sie einen gut dokumentierten, organisierten Ordner aller Ihrer Gesundheitsakten besitzen, einschließlich aller Medikamentenverschreibungen, Untersuchungen und Operationen. Machen Sie sich darüber hinaus Notizen über Medikamente, die bei Ihnen nicht gewirkt haben, und schreiben Sie auf, welche Reaktionen Sie darauf gezeigt haben. Bewahren Sie diese Dokumente in einem leicht zugänglichen Hefter, auf einem Online-Tool oder auf einem USB-Stick auf.
- **Machen Sie sich Aufzeichnungen über die medizinische Familiengeschichte.**
  Diese Informationen sind häufig von unschätzbarem Wert, wenn medizinische Probleme auftreten, damit unsere Ärzte an die Informationen gelangen, die sie benötigen, um uns effektiver behandeln zu können.

Es gibt eine Frau Anfang siebzig, die allein in einer kleinen Gemeinde viele Kilometer von ihrer Familie entfernt lebt.

Sie hat ihren Mann vor einer ganzen Weile verloren und hat keine nahen Verwandten und nur wenige Freunde. Ihre Gesundheit und ihre körperlichen Fähigkeiten lassen nach, aber sie weigert sich, das zu akzeptieren, und weist einen Umzug in eine andere Stadt in die Nähe ihrer Familie von sich. Sie besteht darauf, dass ihre Familie zu beschäftigt ist, um sich um sie kümmern zu können, und außerdem würde sie mehr als ein Jahr benötigen, um den Umzug vorzubereiten.

Als ihr erklärt wird, dass es für ihre Familie deutlich schwieriger wäre, zu ihr zu fahren, um ihr zu helfen, weist sie das Argument ebenso zurück, wie sie es tut, wenn man ihr sagt, es sei Zeit, daran zu denken, welche Last sie ihren Angehörigen durch ihre Weigerung umzuziehen aufbürdet.

So schwierig es einem auch fällt, diese Art von Entscheidung zu treffen, sie ist, wenn die Zeit gekommen ist, wirklich die einzige Wahl, die man hat – und je früher man sie trifft, desto besser ist es für alle.

WEISHEITS-NUGGET #20

Pflegeeinrichtungen und worauf man achten sollte.

Lassen Sie es uns zur Abwechslung andersherum machen. Lassen Sie uns mit einem schlechten Witz beginnen, anstatt mit einem solchen zu enden. Schließlich heißt es, Abwechslung sei die Würze des Lebens, nicht wahr?

> Drei ältere alleinstehende Frauen, die in einem Seniorenheim leben, sitzen am Pool, als ein Mann Ende siebzig auftaucht und ins Wasser springt. Eine der Frauen sieht ihn an und fragt mit lauter Stimme: »Sind Sie neu hier? Wir haben Sie noch nie gesehen ...«
> Er bejaht die Frage. Daraufhin fragt eine andere Frau: »Und wo kommen Sie her?«
> Er antwortet: »Ich war 25 Jahre im Gefängnis, weil ich meine Frau umgebracht habe.«
> Da ruft die dritte Frau erfreut aus: »Dann sind Sie also Single!«

Okay, okay, ich weiß, dass es bessere Witze gibt ... Wenn der Alterungsprozess voranschreitet und wir oder unser Partner Teil- oder Vollzeitbetreuung benötigen, muss man viele Entscheidungen treffen, die jeweils ihre Vor- und Nachteile haben. Es ist wichtig, dass wir uns die Zeit nehmen, sorgfältig zu prüfen, welche Lösung den Bedürfnissen aller Beteiligten am besten entspricht. Wie zum Beispiel:

Hauspflegedienste und unabhängige Pflegeanbieter

Für Fälle, bei denen die hilfebedürftige Person sicher zu Hause leben kann, gibt es zahlreiche Agenturen, die qualifizierte und ausgebildete Teil- oder Vollzeitpflegekräfte vermitteln. Zunächst müssen Sie sicherstellen, dass die von Ihnen ausgewählte Agentur einen guten Ruf hat und qualifiziert ist, nicht nur ausgebildete Pflegekräfte bereitzustellen, sondern Sie auch in allen Fragen hinsichtlich Ihrer aktuellen (und zukünftigen) Bedürfnisse zu beraten.

Unabhängig vom Alter der Person, die eine häusliche Pflegekraft benötigt, ist es sowohl der Geborgenheit wegen sowie aus rechtlicher Sicht wichtig, dass diejenigen, die die Entscheidungen treffen, die vielen damit verbundenen Probleme sorgfältig bedenken und die richtigen Fragen stellen. Hoffentlich werden solche Pläne nicht mitten in einer Krisensituation gemacht, sodass ausreichend Zeit bleibt, die richtigen Vorbereitungen für die Pflege des Patienten zu treffen. Ja, es wird Zeiten geben, in denen es zu Notfallsituationen kommt, aber dann müssen diese Fragen geklärt und Anpassungen vorgenommen worden sein.

Beispielsweise rief mich der Arzt meiner geliebten Anna an einem Donnerstagabend um 21 Uhr an, um mich darüber zu informieren, dass sie schon am nächsten Tag aus dem Krankenhaus nach Hause entlassen werden würde. Aufgrund meiner früheren Informationen war ich davon ausgegangen, dass man sie in eine Pflegeeinrichtung verlegen würde. Nun, das war eine überraschende Planänderung.

Wir hatten genau zwölf Stunden Zeit, um unser Schlafzimmer auszuräumen, in ein Krankenzimmer umzuwandeln und eine Pflegekraft einzustellen. Das gelang mir nur deshalb, weil ich bereits Wochen damit verbracht hatte, herauszufinden, welche Maßnahmen in einer solchen Situation ergriffen werden mussten.

Bei der Wahl einer qualifizierten Agentur für häusliche Pflege ist es wichtig, dass die Agentur zumindest eine Gewerbeerlaubnis hat, Nachweise vorlegen kann, dass Sozialabgaben bezahlt werden und dass sie haftpflichtversichert ist, einschließlich einer Diebstahlversicherung. Darüber hinaus muss sie Ihnen Details über ihre angestellten Pflegehelferinnen und geringfügig Beschäftigten liefern.

Fragen, die Sie stellen sollten:

- Ist die Pflegekraft und/oder Agentur amtlich zugelassen, versichert und dem Verband angehörend? Und wie sieht es mit den rechtlichen Bestimmungen aus, falls die Pflegekraft aus dem Ausland stammt? Es gibt auch ausländische Pflegeanbieter, bei denen Sie sich nach der Ausbildung der Pflegekräfte, der Zulassung und so weiter erkundigen müssen.
- Hat der Pflegeanbieter Ihnen mitgeteilt, ob er ein unabhängiger Unternehmer ist, und wie die Zahlungen abgewickelt werden?
- Betrachtet die Agentur ihre Pflegekräfte als Angestellte oder als selbstständige Auftragnehmer?

Ihre Pflegekräfte und Sie

Wenn Sie eine Agentur als Pflegeanbieter wählen, ist es wichtig, eine Firma auszusuchen, deren Anstellungspraxis die Forderung beinhaltet, dass die Arbeitskräfte mindestens

drei Jahre Pflegeerfahrung haben und dass sie ausgebildet sind, einige oder alle der folgenden Aufgaben zu erledigen:
- Hilfe beim Baden, Anziehen, Toilettengang (einschließlich Inkontinenzversorgung)
- Überwachung des Blutdrucks
- Überwachung der Sauerstoffzufuhr
- Transfer und Hilfe vom Bett in den Roll- oder Toilettenstuhl. Bedienung eines Patientenlifters.
- Pflege von Bettlägerigen und Umbettungstechniken
- Eine Reihe von Bewegungsübungen
- Gangüberwachung und Absicherung beim Wechsel vom Bett auf den Roll- oder Toilettenstuhl
- Alzheimer- und Demenz-Kommunikation und Umorientierung
- Sachkenntnis in Ernährung und Hydration von Diabetikern, Herzpatienten und anderen Erkrankten, die eine strenge Diät benötigen.

Möglicherweise bieten Pflegedienste alle oder einige der folgenden optionalen Dienstleistungen an:
- Mahlzeitenplanung und -zubereitung
- Transport zu Ärzten und ähnliche Bedürfnisse sowie eine entsprechende Versicherung für diese Dienste
- Leichte Hausarbeiten
- Überwachung der Medikamenteneinnahme
- Betreuung bei Krankenhausaufenthalten
- Die Pflegekraft kann im Haus wohnen oder wohnt in der Nähe und ist daher schnell verfügbar

Zwei weitere wichtige Punkte sind die Sprache und die Kompatibilität. Ist die zugewiesene Pflegekraft in der Lage,

mit der zu betreuenden Person klar zu kommunizieren? Und fühlt sich der Patient wohl mit dem Alter und der Persönlichkeit der Pflegekraft? Ist das nicht der Fall, dann sollten Sie wissen, wie die Agentur dieses Problem lösen wird.
Ich musste bei mehreren Gelegenheiten eine Pflegekraft im Hospiz, die einem Patienten das Leben schwergemacht hatte, mitten in der Nacht feuern. Persönlichkeitsdifferenzen und Stimmungsschwankungen können sich gravierend auf die Beziehung zwischen dem Patienten und der Pflegekraft auswirken.
Stellen Sie unbedingt sicher, dass Sie die Leitung der Agentur kennenlernen, sich mit ihr wohlfühlen und deren Kommunikationsprozesse richtig verstehen. Sie müssen dafür sorgen, dass sie jederzeit für Sie erreichbar ist, vor allem wenn Probleme auftreten oder andere unvorhersehbare Ereignisse die Pflege Ihres Angehörigen infrage stellen. Außerdem muss der Pflegekraft absolut klar sein, dass sie – ungeachtet der Stimmungslage des Patienten – ihm gegenüber niemals grob werden darf.
Wenn es nicht mehr möglich ist, den Patienten durch eine Pflegekraft zu Hause zu betreuen, und eine Einrichtung gefunden werden muss, ist es wichtig, durch Beratung aller Beteiligten festzulegen, welche Arten von Einrichtungen zur Verfügung stehen und welche Ihren Bedürfnissen am ehesten entgegenkommen.
Selbstverständlich ist das auch eine finanzielle Frage. Deshalb ist es für die Entscheidung, wie am besten vorzugehen ist, notwendig, sich alle zusätzlichen Kosten anzusehen – sowohl die offenliegenden als auch die versteckten.
Bei der Wahl einer Einrichtung müssen Sie stets Folgendes berücksichtigen:

- Fällen Sie die Entscheidung nicht anhand der dort servierten Mahlzeiten. Die in »institutionsartigen Einrichtungen« servierten Mahlzeiten werden selbst unter den besten Bedingungen nicht mit denen, die Sie zu Hause zubereiten oder die in Restaurants serviert werden, vergleichbar sein.
- Es handelt sich um eine Institution, und die Mahlzeiten müssen den Anforderungen vieler verschiedener gesundheitlicher Situationen gerecht werden, zum Beispiel salzfrei und für Diabetiker oder Magen-Darm-Erkrankte usw. geeignet sein.
- Achten Sie darauf, dass Sie die von der Einrichtung angebotenen Transportdienste kennen – beispielsweise zum Einkaufen, für Arzttermine etc. – und ob dafür Zusatzkosten anfallen.
- Sehen Sie sich die Art der Aktivitäten näher an, die den Bewohnern angeboten werden, um sicherzustellen, dass sie Ihren Bedürfnissen entsprechen. Es sollten nicht nur Aktivitäten innerhalb der Einrichtung stattfinden, auch Events außerhalb sind wichtig.
- Falls es sich um eine medizinisch zugelassene Einrichtung handelt, müssen Sie herausfinden, ob Ihr Hausarzt dort Besuche macht.
- Prüfen Sie genau, ob die Einrichtung zugelassen ist und wofür genau.
- Erkundigen Sie sich nach der Ausbildung und Zulassung des Personals.
- Ihre sich verändernde körperliche Verfassung könnte den Umzug von einer Einrichtung in eine andere erforderlich machen.

● Nehmen Sie sich Zeit, um die Bewohner der Einrichtung zu treffen und deren körperliche und geistige Fähigkeiten einzuschätzen. Die Bewohner waren früher, bevor sie alt wurden, vielleicht warmherzige und mitfühlende Menschen, doch seien Sie sich der Tatsache bewusst, dass das Alter häufig eine Veränderung der Persönlichkeit mit sich bringt.

● Und seien Sie sich schließlich der Tatsache bewusst, dass es, ganz egal, in welche Art von Einrichtung man zieht, eine Weile dauern wird, bis man sich an die anderen Bewohner gewöhnt und die Persönlichkeiten und soziale Interaktion zwischen den alten Menschen kennt.

Zeit zum Durchatmen. Wir haben gerade einen Abschnitt mit sehr vielen Informationen hinter uns. Holen Sie Luft!
Und jetzt kommen noch mal Informationen. Aber ich bringe auch wieder Witze, ich verspreche es. Die Endphasen des Lebens sind nicht immer lustig. Und jetzt geht es weiter. Haben Sie wirklich gedacht, wir hätten es schon geschafft?
Noch nicht ...
Eine der wichtigsten Entscheidungen, die wir früh im Leben treffen müssen, bezieht sich darauf, wie wir für die Pflege aufkommen wollen, die wir benötigen, wenn wir älter werden. Frühe Investitionen und die richtige Wahl der Versicherung zum Schutz unserer Familien, Sparkonten und viele andere Methoden sind gewiss wichtig, aber wie ich selbst festgestellt habe (ohne es zum Zeitpunkt des Abschlusses zu realisieren), sind in den Vereinigten Staaten langfristige Kranken- und Pflegeversicherungen von entscheidender Bedeutung.

Tagespflege für Erwachsene

Dabei handelt es sich um Einrichtungen, die umfassende gesundheitliche und soziale Unterstützung anbieten. Gewöhnlich arbeiten in solchen Einrichtungen Krankenschwestern, Therapeuten, Sozialarbeiter und andere Gesundheitsdienstleister. Manchmal werden auch Programme angeboten, die für Senioren über einen Zeitraum von 24 Stunden eine Mischung aus gesundheitlichen und sozialen Unterstützungsmaßnahmen beinhalten.

Demenz-Einrichtungen

Dabei handelt es sich um spezialisierte Pflegeeinheiten innerhalb größerer Einrichtungen, die häufig auch andere Abteilungen für weniger stark beeinträchtigte Patienten haben.
Normalerweise bieten diese Einrichtungen für Patienten, bei denen Alzheimer oder Demenz diagnostiziert wurde, vorübergehende Pflege, medizinische Betreuung und Rehabilitation in einer sicheren, kontrollierten Umgebung an.

Einrichtungen für betreutes Wohnen

Diese Einrichtungen maximieren die Fähigkeit der Bewohner, selbstbestimmt zu leben, und bieten ein geringeres Maß an Unterstützung, als andere Pflegeeinrichtungen mit ausgebildetem Personal bereitstellen, die umfassende

Hilfeprogramme anbieten. Gewöhnlich stellen sie einen 24-Stunden-Rufdienst bereit sowie Hilfe bei der Haushalts- und Körperpflege, einschließlich der alltäglichen Bedürfnisse wie Baden, Anziehen, Mahlzeitenzubereitung und Haushaltsführung.

Anmerkung: Einige Einrichtungen haben auch spezielle Demenz-Abteilungen und bieten Hilfe beim Essen, Bewegungsüberwachung und ein höheres Maß an persönlicher Betreuung an.

Beachten Sie, dass es darüber hinaus wichtig ist, sich diese Art von Einrichtungen genauer anzusehen, um zu erfahren, ob sie für die medizinische Betreuung zugelassen sind. Das sind einige nicht, und das könnte in Notfällen ein Problem darstellen.

Unterstütztes Wohnen

Diese auf die Bewohner ausgerichteten Einrichtungen, wie zum Beispiel Wohngruppen, bieten in der Regel ein geringes Maß an Pflege für bis zu zehn Personen in einer häuslichen Atmosphäre an. Manche sind nicht staatlich zugelassen oder zertifiziert und können auch als Pflegeheime bezeichnet werden.

Seniorensiedlungen

Diese Seniorengemeinschaften bieten unter anderem Unterstützungsdienste für betagte Menschen an, die fast oder ganz selbstbestimmt leben können. Zu diesen Diensten zählen häufig Haushaltsführung, Mahlzeitenzubereitung, soziale Angebote und Freizeitaktivitäten sowie Transporte.

Genesungsheime beziehungsweise Pflegeheime

Das sind staatlich zugelassene Einrichtungen, welche Personen ein sicheres therapeutisches Umfeld bieten, die rehabilitative Pflege benötigen oder aufgrund funktionaler oder kognitiver Beeinträchtigungen nicht mehr allein leben können.

Noch einmal sei betont, dass Sie sich die Zeit nehmen sollten, diese Einrichtungen zu besuchen und sich zu vergewissern, ob Sie sich in der dortigen Atmosphäre wohlfühlen und mit der Einstellung des Personals sowie den angebotenen Diensten zufrieden sind. Häufig teilen sich mehrere Patienten ein Zimmer, und viele Personen haben geistige Einschränkungen, wodurch der Schlaf ihrer Mitbewohner beeinträchtigt werden könnte.

Im Allgemeinen bieten diese Einrichtungen Unterkunft, Mahlzeiten und Betreuung. Manche haben sich auch auf spezifische Bedürfnisse zum Beispiel von Alzheimer-Patienten oder Personen mit geistigen Beeinträchtigungen spezialisiert. Auch hier sollten Sie sich nach einer staatlich zugelassenen Einrichtung umsehen.

Kurzzeitpflege

Diese Angebote beinhalten vorübergehende oder kurzzeitige Pflege für Menschen mit funktionalen oder kognitiven Einschränkungen an und entlasten die Pflegenden von der Belastung der dauerhaften Pflege. Diese Pflege kann zu Hause erfolgen, in einem Heim oder über Nacht in der Einrichtung.

Hospizpflege

Wenn ein Arzt diagnostiziert, dass ein Patient sich in der Endphase des Lebens befindet, wird in der Regel eine Hospizpflege empfohlen. Die dort angebotenen Dienste sind für den jeweiligen Patienten maßgeschneidert. Das Ärzteteam wird Sie beraten, was notwendig ist, egal ob der Patient zu Hause oder in einer der oben erwähnten Einrichtungen lebt.

Uff. Das sind keine schönen Ausblicke auf das Alter, oder?

Jeder alternde Mensch braucht einen Fürsprecher.

»*Das Altwerden ist, als würde man zunehmend für ein Vergehen bestraft, das man gar nicht begangen hat.*«

— Anthony Powell

Wenn wir irgendeine körperliche oder mentale Krise durchmachen, sei es zu Hause oder in einer Einrichtung, und in der Obhut eines Arztes oder sogar in einem Hospiz sind, ist es wichtig, dass jemand, der uns nahesteht – entweder ein Familienmitglied oder ein Freund –, über alles, was mit unserer Pflege und Behandlung zu tun hat, umfassend informiert ist. Warum? Weil es in vielen Fällen zu Meinungsverschiedenheiten kommt, was getan werden soll und durch wen. Beispiele:

- Die Medikamentenverordnung kann aufgrund der Notwendigkeit häufiger Veränderungen verwirrend sein. Ihr Fürsprecher – ein Helfer gewissermaßen – muss den Überblick über die aktuellen Instruktionen des Arztes behalten und mögliche Konflikte schlichten, weil die Pflegekraft in vielen Fällen nicht genau Bescheid weiß oder nicht über den aktuellen Stand informiert wurde.
- Während Annas letzten Lebenswochen entwickelte sie eine Infektion und bekam Fieber. Die Instruktionen des Arztes lauteten, dass ich ihr ein bestimmtes

Medikament geben sollte, falls das Fieber über 38,3 Grad ansteigen würde, aber die Pflegekraft hatte die Anweisungen falsch verstanden und weigerte sich, Anna das Medikament zu geben. Als Annas Fürsprecher musste ich den Arzt anrufen und mir die Fakten bestätigen lassen.

- Auch Ernährungsfragen können zu Unstimmigkeiten zwischen Patient und Pflegekraft führen. Manchmal wünscht sich der Patient bestimmte Nahrungsmittel, und die Pflegekraft möchte ihm diese nicht geben, worauf der Patient ungehalten reagiert. Der Grund dafür ist häufig der, dass die Instruktionen der Pflegekraft nicht auf dem aktuellen Stand sind.
- Fragen bezüglich der Schlafenszeiten, der Körperpflege, der ambulanten Versorgung und dergleichen können sich auf Entscheidungen für den Patienten auswirken.
- Bei Anna kam es zu Flüssigkeitsansammlungen in der Lunge, wodurch eine Drainage alle drei Tage erforderlich wurde. Einmal untersuchte eine Krankenschwester Anna bei ihrem Hausbesuch und sagte, es sei keine Flüssigkeit vorhanden und wir müssten die nächste Drainage erst in vier Tagen vornehmen. Das war falsch, und Anna bekam schwere Atemprobleme. Ich musste den Arzt anrufen, der sofort eine andere Krankenschwester schickte, die die Drainage umgehend vornahm.

Die Aufgabe eines Fürsprechers besteht darin sicherzustellen, dass die betreute Person mit allen an der Pflege Beteiligten richtig kommuniziert. Für die angemessene und effiziente Pflege während einer Krankheit ist eine nahestehende Person absolut entscheidend. Sie sollten nie davon ausgehen, dass die Pflegekraft – nicht einmal das Krankenhauspersonal – immer die richtigen Informationen hat. Gehen Sie lieber auf Nummer sicher, als dass Sie es später bereuen.

Wie ich selbst nicht einmal, sondern gleich dreimal erfahren musste, gibt es triftige Gründe, weshalb man kurz nach dem fünfzigsten Geburtstag eine nahestehende Person auswählen sollte, die im Falle einer Krankheit, eines Unfalls oder einfach des Alterungsprozesses Ihr Fürsprecher sein soll.
Die Angestellten in Krankenhäusern und Pflegeeinrichtungen sind sehr beschäftigt, und das Personal arbeitet häufig unter hoher Belastung. Der Einzelne hat es da sehr schwer, individuelle Aufmerksamkeit zu bekommen, und das erhöht die ohnehin belastende Situation.
Anlass zur Sorge gibt darüber hinaus die Tatsache, dass Personen – insbesondere Ältere –, die in irgendeiner Art von Pflege- oder Krankenhauseinrichtung untergebracht sind, häufig nicht wie Erwachsene behandelt werden, sondern eher wie abhängige Kinder. Und obwohl das Personal engagiert und sich seiner Rolle bewusst ist, errichtet es häufig eine Mauer zwischen seiner beruflichen Arbeit und den persönlichen Sorgen und Ängsten des Patienten. Das führt für den Patienten zu einer schrecklichen Situation und lässt ihn wütend, frustriert und einsam zurück.
Im Krankheitsfall einen geliebten Menschen in der Nähe zu haben – jemanden, der einem die so dringend benötigte Aufmerksamkeit schenkt –, ist von unschätzbarem Wert und kann für das Wohlbefinden des Patienten ausschlaggebend sein.

Während Annas letzten Lebenswochen wurde mir von meinen Ärzten geraten, eine Operation an einer Arterie im rechten Bein vornehmen zu lassen. Mir wurde mitgeteilt, dass es sich um einen relativ unkomplizierten Eingriff handele, der in der Praxis des Chirurgen durchgeführt werden könne – und dass ich mich schon nach wenigen Tagen davon erholen würde.

Doch die Sache lief nicht wie geplant. Ein Freund brachte mich zur Praxis des Chirurgen und fuhr mich nach dem Eingriff wieder nach Hause, aber leider war der Nerv in meinem Bein geschädigt worden, und zwei Tage nach der Operation wurde ich mit heftigen Schmerzen ins Krankenhaus eingeliefert.

Weil Anna natürlich nicht da war, um mir zu helfen, und meine Kinder alle weit entfernt wohnen, war ich im Krankenhaus allein. Ich hatte schreckliche Schmerzen und musste ständig an meine Frau denken. Meine Ärzte waren nicht immer erreichbar, und das Personal der Einrichtung war alles andere als hilfreich.

Ich hatte niemanden, der sich dort für mich einsetzen konnte.

Nachdem ich im Laufe eines Jahres die besten Spezialisten des Landes konsultiert hatte und alle möglichen Untersuchungen über mich hatte ergehen lassen – und alle bekannten Schmerzmittel ausprobiert hatte –, stellte sich heraus, dass das Problem nicht behoben werden konnte und die starken Schmerzen bleiben würden. Das Gehen wurde für mich immer schwieriger.

Schließlich kam ich zu dem Schluss, dass ich die Schmerzen entweder ignorieren und mein Leben so normal wie möglich weiterführen musste oder aber zu einem vollständigen, im Rollstuhl sitzenden Invaliden werden würde. Ich entschied mich für das Leben und beschloss, mich mit den Schmerzen zu arrangieren. Das hat sich als sehr weise Entscheidung entpuppt.

Diesen Fall vergleiche ich häufig mit einer früheren Erfahrung, als mir im Jahr 1989 im Alter von sechzig Jahren mitgeteilt wurde, dass ich bald sterben würde, wenn ich mich wegen meines Morbus Crohn, der 1964 diagnostiziert worden war, nicht operieren lassen würde.
Anna war während dieser langen und schwierigen Operation und Rekonvaleszenz an meiner Seite und war meine hervorragende Fürsprecherin. Sie machte es mir so einfach, den Prozess durchzustehen.
Aufgrund dieser Erfahrung wurde ich später Vorsitzender der Ortsgruppe San Fernando der Crohn's Colitis Foundation of America (CCFA). Ich arbeitete mit einer Gruppe wunderbarer Menschen zusammen, die entweder selbst an dieser beeinträchtigenden Krankheit litten oder mit anderen zu tun hatten, die damit konfrontiert waren. Aufgrund meiner Position nahm ich an öffentlichen Seminaren teil und sammelte Geld, um die Forschung nach einer Heilmethode zu unterstützen. Kelsey Grammer, der Schauspieler und Comedian, half mir bei diesem Projekt.
Gestatten Sie mir, hier noch zwei weitere Fallstudien anzufügen:
Sharon war eine unverheiratete Lehrerin im Ruhestand Anfang siebzig und lebte in Südkalifornien. Sie hatte zwei jüngere Schwestern, die in verschiedenen Städten in einiger Entfernung wohnten. Sharon hatte Bauchspeicheldrüsenkrebs im Frühstadium.

Ich war gerade zurück nach Kalifornien gezogen und wohnte in ihrer Nähe. Weil ich mich bei der Orange County California Nursing Association als ehrenamtlicher Hospizmitarbeiter engagierte, wurde ich von der Leitung gebeten, Sharon zu besuchen, um herauszufinden, wie wir ihr helfen könnten.

Die ehrenamtlichen Mitarbeiter der Organisation trugen stets Namensschilder. Auf meinem Schild stand »Bernie«. Als ich Sharon zum ersten Mal besuchte, war auch eine ihrer Schwestern anwesend. Ich verbrachte eine Stunde bei Sharon und vereinbarte mit ihr, dass ich jede Woche bei ihr vorbeischauen würde.

Doch am nächsten Tag rief mich eine Mitarbeiterin des Büros an und sagte, Sharons Schwester habe angerufen und Sharon bitte darum, dass ich sie nicht mehr besuchen komme. Selbstverständlich war ich verdutzt, aber ich machte keine große Sache daraus.

Zwei Wochen später rief mich die Büromitarbeiterin erneut an. Sie sagte mir, beide Schwestern würden Sharon besuchen und wünschten, dass ich vorbeikommen und ihnen mit einem Problem, das Sharon habe, helfen würde. Ich machte einen Termin aus und ging zu Sharons Haus, wo mich beide Schwestern draußen schon erwarteten. Sie entschuldigten sich dafür, dass sie mich gebeten hatten, nicht wiederzukommen. Sie erklärten, dass sie eine Schwester namens Bernice gehabt hatten, die vor Kurzem gestorben sei und dass Sharon, als sie mein Namensschild mit der Aufschrift »Bernie« gesehen habe, an ihre verstorbene Schwester erinnert worden sei. Sie baten mich, mein Namensschild abzunehmen, was ich natürlich tat. Dann baten sie mich, ihnen zu helfen, Sharon zu ihrem Arzt zu bringen, weil er keine Hausbesuche machte. Das tat ich und verbrachte weiter Zeit mit Sharon.

Sharons Schwestern waren ihre Fürsprecherinnen, und Fürsprecher spielen bei der Betreuung ihrer Angehörigen eine entscheidende Rolle.

Selbst bei scheinbar banalen Dingen (die häufig gar nicht so banal sind) wie Namensschildern.

> »Das große Geheimnis, das alle alten Menschen haben, ist, dass man sich in siebzig oder achtzig Jahren nicht verändert hat – nur der Körper hat sich verändert.«
>
> — Anonym

Larry, ein Freund von mir, war über fünfzig und Angestellter im öffentlichen Dienst. Er litt an Lungenkrebs. Seine Frau, eine bekannte Geschäftsfrau, verleugnete die Krankheit ihres Mannes komplett. Sie hatten keine Kinder.

Larrys Frau wollte weder mit seiner Behandlung noch mit damit zusammenhängenden Entscheidungen etwas zu tun haben. Sie ging jeden Tag frühmorgens aus dem Haus zur Arbeit und kam abends nach dem Abendessen zurück. Er befand sich in Hospizbetreuung, und seine Nachbarn halfen, so gut sie konnten.

Zufällig wurde ich von diesem Hospiz gebeten, Vorträge über unsere Programme zu halten; einer dieser Vorträge fand vor einer Gruppe von Geschäftsfrauen statt.

Als ich beim Veranstaltungsort ankam, fiel mir auf, dass eine Frau den Raum verließ. Ich erkannte sie aufgrund eines Fotos, das ich in Larrys Haus gesehen hatte, als seine Frau.

In meinem Vortrag ging es um das Problem des Fürsprechers und um andere Angelegenheiten der Hospizbetreuung. Etwa bei der Hälfte meines Vortrags bemerkte ich, dass Larrys Frau wieder in den Raum kam und neben der Tür stehen blieb.

Als mein Vortrag zu Ende war und ich gerade Platz nehmen wollte, kam sie zu mir und sagte: »Ich weiß nicht, ob Sie wissen, wer ich bin. Ich bin Larrys Frau.«

Ich antwortete, dass ich das wüsste, und sie ging davon.

Am selben Nachmittag, als ich wieder in meinem Büro war, erhielt ich einen Anruf vom Büro des Hospizes, und die Hospizleiterin fragte mich: »Was haben Sie heute gemacht?« Als ich ihr von dem Vortrag vor der Gruppe erzählte, sagte sie: »Nein, Sie haben Brücken gebaut.«

Als ich sie aufforderte, mir das zu erklären, erzählte sie, dass Larrys Frau im Büro angerufen und sich weinend entschuldigt hatte, so unsensibel gegenüber den Bedürfnissen ihres Mannes gewesen zu sein. Sie bat die Büroangestellte, ihr zu sagen, was sie tun könne, um sich um ihn zu kümmern.

Larry lebte noch anderthalb Jahre mit seiner Frau an seiner Seite, die dafür sorgte, dass er die Pflege bekam, die er in der ihm noch verbleibenden Zeit benötigte.

> *»Liebe sollten wir anderen nicht nur in guten Zeiten schenken, sondern vor allem auch in schwierigen Zeiten.«*
>
> — Von mir

Witze, das heißt schlechte Witze.

Ich möchte nicht, dass Sie von der Schwere dieser Lektüre niedergedrückt werden. Das Altern ist nicht schön, und auch meine Witze nicht. Noch meine Altersflecken und meine Falten ...

Deshalb will ich hier eine kurze Pause einlegen und Ihnen ein paar ziemlich schreckliche Witze präsentieren (die Sie hoffentlich zum Lachen bringen, bevor wir uns auf das Ende vorbereiten).

Ein Polizist winkt das Auto einer älteren Frau, die ihren Mann zu einem Termin fährt, an den Straßenrand, weil sie die vorgeschriebene Höchstgeschwindigkeit überschritten hat. Der Polizist versucht ihr zu erklären, weshalb er sie herausgewinkt hat, aber sie wendet sich an ihren Ehemann und fragt: »Hm. Was hat er gesagt?«
Der Ehemann erklärt: »Er sagt, dass er dich angehalten hat, weil du zu schnell gefahren bist.«
Der Polizist will ihren Führerschein sehen. Wieder wendet sie sich an ihren Mann und fragt: »Was hat er gesagt?«
Der Ehemann antwortet: »Er will deinen Führerschein sehen.« Sie reicht ihn dem Polizisten, und er stellt fest, dass sie in Brownsville wohnt.
Er sagt, dass er sich gut an diese Stadt erinnere und dass er dort in Wahrheit die schlimmste sexuelle Erfahrung in seinem ganzen Leben gemacht habe.
Wieder wendet sich die Frau an ihren Mann und fragt: »Was hat er gesagt?«
Der Ehemann antwortet: »Er sagt, dass er meint, dich zu kennen.«

Ein achtzig Jahre alter Mann liegt dem Tod nahe im Bett. Seine Frau, mit der er seit fünfzig Jahren verheiratet ist, ist an seiner Seite. Er schlägt die Augen auf und sagt zu ihr: »Weißt du was ich gerade denke, Ida? Als ich vor einigen Jahren eine Lungenentzündung hatte, warst du an meiner Seite und hast dich um mich gekümmert. Und als ich letztes Jahr die Operation am offenen Herzen hatte, warst du an meiner Seite und hast dich um mich gekümmert. Jetzt habe ich Prostatakrebs, und wieder bist du an meiner Seite und kümmerst dich um mich. Ida ... ich glaube, du bringst Unglück!«

Okay, nur noch einer, bevor Sie mich rausschmeißen:
Phil, ein Versicherungsvertreter Ende siebzig, hält auf seinem Heimweg von der Arbeit bei einem Einkaufszentrum an. Er hat beschlossen, seiner Frau Nancy, mit der er seit vielen Jahren verheiratet und die Mitte siebzig ist, ein paar Blumen zu kaufen. Als er den Blumenladen verlässt, entdeckt er ein Süßwarengeschäft. Er geht hinein und kauft ihr noch eine Schachtel Pralinen.
Als er, die Hände voller Geschenke, nach Hause kommt, läutet er. Nancy öffnet die Tür. Als sie sieht, was Phil in der Hand hält, fängt sie zu weinen an, und Phil fragt: »Weshalb die Tränen?«
Sie sagt: »Das war ein fürchterlicher Tag. Ich habe meine Lieblingskuchenplatte fallen lassen, und sie ist kaputt gegangen. Eigentlich wollte ich mit ein paar Freundinnen zum Mittagessen gehen, aber sie waren verhindert und haben abgesagt. Unsere Telefonanlage hat den Geist aufgegeben, und ich habe fast den ganzen Tag gebraucht, bis ich mit dem Reparaturdienst Kontakt aufnehmen konnte, UND JETZT KOMMST DU BETRUNKEN NACH HAUSE!«

Danke, meine Damen und Herren. Nächste Woche trete ich in Las Vegas auf.

WEISHEITS-NUGGET #22

Medizinische Alarmsysteme sind für die Sicherheit von Senioren unverzichtbar.

Warum ich dieses Buch geschrieben habe? Einfach so. Nein, das ist ein Scherz. Weil ich mir trotz der harten Schale und des häufig bizarren Anflugs von Altershumor (ich hoffe ehrlich, dass Sie ihn nicht ganz so schlimm finden) Sorgen mache.
Es ist mir wichtig, dass Sie vorausplanen. Und ich sorge mich, dass Sie wirklich gut vorbereitet und bereit sind, wenn der Tag kommt. Wenn nicht der Tag für Sie, dann für Ihre Angehörigen.
So bin ich eben. Bernard Seymour Otis. Ich sorge mich wirklich ... einfach so. Das ist alles.

Über medizinische Alarmsysteme und Gemeinschaft

Um meinen achtzigsten Geburtstag herum kamen Anna und ich zu dem Schluss, dass es klug wäre, in unserem Haus für den Fall eines Notfalls ein medizinisches Alarmsystem zu installieren. Sie war damals 68 Jahre alt, und wir waren beide lebhafte und aktive Menschen. Zu diesem Zeitpunkt war uns natürlich nicht klar, wie wichtig unsere Entscheidung während ihrer Krankheit sein sollte.

Ein Jahr später, während Annas zweitem Jahr der Krebsbehandlung, waren wir gerade dabei, uns für einen Arzttermin vorzubereiten und unserer Haushälterin die Aufgabe zu überlassen, das Haus in Ordnung zu bringen, als unser Telefon klingelte und mit einem Schlag jeder Anschein von Sicherheit dahin war. Der Notrufdienst informierte mich, sie hätten ein Signal erhalten, dass in unserem Haus jemand gestürzt sei.

Hastig rannten Louisa (unsere Haushälterin) und ich ins große Badezimmer hinauf und fanden Anna auf dem Boden liegend. Schnell waren Sanitäter vor Ort, und Anna wurde ins Krankenhaus gebracht. Im Anschluss verbrachte sie zwei Monate in Reha. Niemand weiß, was passiert wäre, wenn wir das Alarmsystem nicht gehabt hätten –, aber ich hatte Anna noch ein weiteres Jahr.

Es gibt viele derartige Systeme, aber egal, welches Sie wählen, achten Sie darauf, dass Sie sofort zu Hause angerufen werden und der Rettungsdienst umgehend alarmiert wird, und geben Sie den Systembetreibern in jedem Fall die Namen und Telefonnummern alternativer Kontakte. Stellen Sie darüber hinaus sicher, dass diese Kontaktpersonen problemlosen Zugang zu Ihrem Zuhause haben.

Gehen Sie, nur weil mehr als eine Person im Haus lebt, nicht davon aus, dass die anderen da sein werden, wenn ein Unfall passiert oder dass sie mitbekommen, dass sich ein solcher ereignet hat.

Es ist klug, diese und alle weiteren Themen, die in den anderen Kapiteln dieses Buches zur Sprache gebracht werden, sorgfältig abzuwägen, bevor Sie eine Entscheidung treffen, zum Beispiel wie und wo wir oder unsere Angehörigen gepflegt werden. Und besprechen Sie dies mit Ihren behandelnden Ärzten, und achten Sie darauf, dass Sie wissen, ob und wie Ihr Arzt die Behandlung in den ausgewählten Einrichtungen fortsetzen kann.

> *»Das Altern ist ein lebenslanger Prozess des Wachstums und der Entwicklung von der Geburt bis zum Tod. Das Alter ist ein integraler Bestandteil des Ganzen, es bringt Erfüllung und Selbstverwirklichung. Ich betrachte das Altern als Triumph, als Ergebnis von Stärke und Überlebenskunst.«*
>
> — Margaret Kuhn

Anmerkung des Autors

Da der Bevölkerungsanteil älterer Menschen rasch zunimmt, sinkt die Zahl der Pflegeeinrichtungen pro Kopf, und die Nachfrage nach gut ausgebildeten ambulanten Pflegekräften steigt. Die Pflegekosten schießen ebenfalls in die Höhe, und wir sind mit einer großen finanziellen Krise der Gesundheits- und Pflegebranche konfrontiert.

Neben dem Problem der Einwanderung, das in den Vereinigten Staaten Auswirkung auf das Pflegepersonal hat – mehrheitlich handelt es sich um Einwanderer mit legalem Status –, müssen Pflegeagenturen und Pflegeeinrichtungen mit knappem Budget auskommen und haben infolge der Mindestlohnanpassung durch die Regierung vom Jahr 2015 noch höhere Kosten zu tragen. Aufgrund dieser Problematik stellt sich die Frage: Wie werden sie – das heißt *wir* – in der Lage sein, die finanzielle Last zu tragen?

Im Zuge meiner Recherchen habe ich Dutzende Pflegekräfte in verschiedenen Einrichtungen interviewt, aber auch ambulante Dienste, und ihre Geschichten klingen fast alle ziemlich gleich.

Lara ist eine 45 Jahre alte Einwanderin aus Russland, die sich seit drei Jahren legal in den USA aufhält. Sie ist verheiratet und hat einen erwachsenen Sohn. Ihr Mann arbeitet als Tagelöhner.

Lara ist als ausgebildete Pflegekraft in einer bekannten Pflegeeinrichtung angestellt. Sie arbeitet Teilzeit auf Basis des Mindestlohns, sodass die Einrichtung weder Überstunden noch Lohnzusatzleistungen bezahlen muss. Das hat zur Folge, dass Lara in mehreren Jobs und sehr viele Stunden arbeiten muss, um ihren einfachen Lebensstil aufrechterhalten zu können.

Ihre Arbeitgeber haben alle das gleiche finanzielle Problem und müssen, um solvent und für Bewohner attraktiv zu bleiben, streng über ihr Budget wachen.

Gibt es einen besseren Grund dafür, dass es so wichtig ist, früh zu planen und vorbereitet zu sein? Auch wenn Sie nicht in den Vereinigten Staaten leben?

Als ich an der Universität von Michigan studierte, hatte ich drei Freunde von der High School, die ebenfalls als Hauptfach Ingenieurswesen gewählt hatten. Eines Abends, als wir in unserer Lieblingskneipe, The Pretzel Bell, zu Abend aßen, diskutierten sie über die Beschaffenheit des menschlichen Körpers.

Einer sagte, dass der Körper, wenn man sich die Art und Weise, wie die Gelenke konstruiert seien, offenkundig von einem Maschinenbauer entworfen worden sein müsse.

Daraufhin sagte Howard, er glaube, dass er aufgrund der Art und Weise, wie das Nervensystem funktioniere, von einem Elektroingenieur entwickelt worden sein müsse.

Don war ganz anderer Meinung und spekulierte, dass nur ein Tiefbauingenieur eine giftige Leitung durch ein Erholungsgebiet führen würde.

Der Punkt ist, dass wir es nicht wissen. Auch unsere ausgebildeten Pflegekräfte wissen es nicht. Aber sie wissen wahrscheinlich mehr als Sie. Respektieren Sie sie und arbeiten Sie mit ihnen zusammen, auch wenn sie nicht die gleiche Sprache sprechen wie Sie.

WEISHEITS-NUGGET #23

Der Umgang mit dem Sehverlust.

> »Man sollte nie die Jahre zählen. Stattdessen sollte man seine Interessen zählen. Ich bin dadurch jung geblieben, dass ich versucht habe, mein kindliches Staunen niemals zu verlieren. Ich bin froh, dass ich mir meine lebhafte Neugier auf die Welt, in der ich lebe, bewahrt habe.«
>
> — Helen Keller

Wie bereits erwähnt: Das Sehvermögen könnte der wichtigste unserer Sinne sein, weil er in den meisten Fällen die größte Auswirkung auf unser Alltagsleben und unsere Aktivitäten hat.

Der Verlust der Fähigkeit zu sehen, was sich um uns herum abspielt – unsere Lieben anzuschauen und unsere Kinder, Enkel und Urenkel aufwachsen zu sehen –, ist niederschmetternd.

Darüber hinaus ist es, wenn wir krank und viele Stunden allein sind, schwer zu ertragen, nicht lesen, fernsehen oder einfach im Freien sitzen und den Mond, die Sonne oder die Sterne beobachten zu können.

Weil meine geliebte Anna für ihre Arbeit mit Blinden bekannt war, hatte ich die Gelegenheit, mit sehbehinderten Menschen aller Altersgruppen Umgang zu haben, mit ihnen zu sprechen und von ihnen zu lernen. In ihren letzten fünf Lebensjahren hielt Anna nach ihrem Ausscheiden aus dem State Department of Rehabilitation for the Blind im Zentrum für Sehbehinderte in Los Angeles spezielle Seminare für alternde, sehbehinderte Menschen ab.

Ich könnte viele Geschichten von Berufstätigen erzählen, die sehr aktiv waren, aber im mittleren bis fortgeschrittenen Alter plötzlich ihr Sehvermögen zu verlieren begannen. Doch lassen Sie mich zuerst von meinen persönlichen Erfahrungen mit dem Thema Sehbehinderung und Blindheit berichten.

Vor vielen Jahren, als ich noch auf dem College war, erhielt ich eine Anstellung bei einem großen Möbelkaufhaus im Zentrum Detroits, der People's Outfitting Company. Einer der Besitzer, der Schwiegersohn der Familie Wineman, Henry Moses, hatte einen blinden Sohn.

Henry pflegte mich mit dem Auto zur Arbeit mitzunehmen, und bei einer unserer Fahrten erzählte er mir von dem Haus, das er gerade hatte bauen lassen und das keine Ecken hatte. Alle Zimmer waren abgerundet, sodass es für seinen Sohn keine Hindernisse gab, wenn er durch das Haus ging. Außerdem waren Henry und seine Familie geübt darin, mit dem Thema Blindheit umzugehen, weil sie immer wieder in den Keller des Hauses gingen, wo es kein Licht gab, und sich stundenlang im Dunkeln aufhielten, um die Welt des Sohnes besser verstehen zu können.

Anna hatte, als sie während ihrer zwanzigjährigen ersten Ehe in England lebte, für die Jewish Blind Society of London gearbeitet, wo sie als Blindenspezialistin bekannt wurde. Und sie erzählte mir, dass sie die gleiche Technik erlernt hatte und sie in ihrer Arbeit anwandte.

Steve Wynn, der bekannte Hotel- und Casinounternehmer in Las Vegas, litt über sechzig Jahre lang an einer Makuladegeneration. Dennoch hatte er sich in der Spielindustrie

ein Imperium aufgebaut. Er gründete eine große Stiftung für die Erforschung der Krankheit und leistete einen großen Beitrag, um Menschen mit Sehproblemen zu helfen, damit sie ein glückliches und produktives Leben führen können.
Seit dem Zeitpunkt, als Steve und seine Familie Mitte der 1960er-Jahre nach Las Vegas zogen, setzten sie sich unermüdlich dafür ein, dass Menschen mit Sehproblemen die Mittel erhielten, die sie benötigten, um ein gutes Leben zu führen. Wir sollten ihnen für ihren Beitrag sehr dankbar sein.
Es gibt viele Möglichkeiten, wie Personen mit Sehproblemen die notwendige Hilfe und Unterstützung erhalten können, um die Schwierigkeiten, die sie haben, zu kompensieren. In den Vereinigten Staaten gibt es beispielsweise überall Organisationen wie das Braille Institute, die Zentren für Sehbehinderte und andere, die Seminare durchführen, Trainingsprogramme für zu Hause und weitere Programme anbieten, um Sehbehinderten jeden Alters zu helfen.
Darüber hinaus bringen viele dieser Organisationen Bücher in Großdruck, Hörbücher und andere Hilfsmittel heraus, um den Blinden das Leben angenehmer zu machen.
Wie ich bereits erwähnt habe, hielt Anna nach ihrem Ausscheiden von ihrem Amt beim Bundesstaat Kalifornien wöchentlich über alle möglichen Themen Seminare im Zentrum für Sehbehinderte (und Blinde) ab, an denen die Zuhörer interessiert waren.
Ich wurde recht häufig gebeten, vor diesen Gruppen über meine Bücher und meine Arbeit in der Lebensmittel- und Getränkeindustrie zu sprechen. Das habe ich wegen der begeisterten Reaktion, die ich erhielt, immer gern getan.
Viele der Zuhörer waren von Geburt an blind oder büßten mit der Zeit ihr Sehvermögen ein, aber sie führten dennoch

ein aktives Leben oder fanden mithilfe all derjenigen, die auf diesem speziellen Gebiet und häufig unter erschwerten Bedingungen arbeiteten, Möglichkeiten, aktiv zu sein.

Wo immer Sie leben, es gibt da draußen eine Reihe von Menschen, die bereit sind, Ihnen zu einem besseren Leben zu verhelfen, indem sie Ihnen Möglichkeiten aufzeigen, mit Ihren Sehproblemen zu leben.

Für einen Menschen, der mit irgendeiner Art von körperlicher Behinderung geboren wurde, ist es normal, damit zu leben. Diese Menschen brauchen selbstverständlich alle Liebe, Hilfe und Unterstützung, um durch den Tag zu kommen. Doch für diejenigen, die ihr Sehvermögen plötzlich verlieren oder andere körperliche Funktionen einbüßen, ist dies eine beängstigende Erfahrung.

WEISHEITS-NUGGET #24

Die Erkenntnis des Lebenssinns trägt zu einer glücklichen Reise bei.

Wir haben in diesem Buch fast ein ganzes Leben hinter uns gebracht! Ehrlich. Ausnahmsweise versuche ich einmal nicht, lustig zu sein.

Wenn wir also wirklich »zum Wesentlichen kommen«, wie ich zu sagen pflege: Was ist für Sie der Sinn Ihres Lebens? Wenn Sie darauf keine Antwort geben können, sollten Sie sich vielleicht die folgende Frage stellen: Wenn Sie wüssten, dass heute der letzte Tag Ihres Lebens ist, wie würden Sie ihn verbringen wollen?

Ihre Antwort wird Klarheit schaffen.

Was mich betrifft: Wenn ich wüsste, dass ich morgen sterben werde, würde ich an meinem letzten Tag aufstehen und Folgendes tun. Ich würde

- meinen nahen Familienangehörigen und Freunden sagen, wie sehr ich sie liebe.
- einer anderen Person (oder Personen) in Not helfen.
- etwas tun, was ich immer gern getan habe.
- nach Hause gehen und meine letzten Stunden in den Armen der Frau verbringen, mit der mich eine tiefe und bedeutungsvolle Liebe verbindet.

Doch selbst, wenn ich nicht weiß, dass dies mein letzter Tag sein wird, möchte ich so leben, um bis zum Ende ein glückliches und sinnvolles Leben zu führen.

Verstehen Sie, was ich meine? Es geht um die Klarheit.
Hätte mich vor vier Jahren jemand gefragt, worin für mich der Sinn des Lebens liegt, dann hätte ich zweifellos geantwortet, dass er darin besteht, meine Karriere fortzusetzen, auf meine Gesundheit zu achten, meine Liebe mit Anna zu teilen, ein gutes Leben zu führen, anderen zu helfen und mit Freude zu beobachten, wie meine Kinder und Enkelkinder zu erfolgreichen Menschen heranwachsen.
Stattdessen entpuppten sich Annas letzte Lebensjahre für mich als Albtraum, und mir wurde plötzlich klar, dass es im Leben viel mehr gibt als diese einfachen Wünsche, so wichtig sie auch sind. Es war genau in dem Augenblick, als mir Annas endgültiges Schicksal mitgeteilt wurde, dass ich innehielt und mich fragte: »Was ist für mich der Sinn des Lebens?«
Die Antwort lag auf der Hand, und genau das habe ich meistens getan, seit mein Vater viele Jahre zuvor den Samen in meinen Kopf einpflanzte. Es ist das, was auch Viktor E. Frankl schrieb: »Der Sinn des Lebens ist, anderen zu helfen, ihren Weg zu finden.«
Ich musste meiner geliebten Frau helfen, damit sie mit ihren Schmerzen und Herausforderungen umgehen konnte. Ich musste meine eigene Schwäche überwinden, um anderen besser dienen zu können. Ich musste mich auf das Ende der Reise vorbereiten, damit ich anderen nicht zur Last falle. Vor allem aber musste ich anderen helfen, ihre im Laufe des Lebens geschlagenen Wunden zu heilen, damit sie den Sinn ihres eigenen Lebens finden konnten.
Bald nach Annas Tod zog ich in ein Zentrum für betreutes Wohnen, wo sich meine Einstellung zum Sinn des Lebens rasch verstärkte, weil ich in einer Gemeinschaft wunderba-

rer Menschen lebte, von denen viele Gedächtnisprobleme, körperliche Einschränkungen und andere Schwierigkeiten hatten, die ihr Leben sinnlos erscheinen ließen, und sie in einer Welt verloren waren, in der sie nur noch auf das Ende warteten.

Jedes Wort in der Überschrift dieses Kapitels kommt von Herzen, und ich glaube, dass jeder Mensch, wenn er diese Lebensphase erreicht, den Sinn des Lebens erspüren kann, so wie ein Blinder Liebe spüren kann und das auch täglich tut.

Auf den vorangegangenen Seiten wurden Ihnen eine Menge Informationen über die Reise durch das Leben geliefert und viele Themen angesprochen, die Sie auf Ihrer Reise bedenken müssen.

Es ist so traurig zu beobachten, dass diejenigen, die wir lieben und die uns am Herzen liegen, zusammen mit ihren Familien plötzlich mit der Erkenntnis konfrontiert werden, dass der Tod unvermeidlich ist. Es ist traurig zu sehen, dass sie darauf so schlecht vorbereitet sind.

Der Tod ist zweifellos ein trauriges Thema, über das niemand gern spricht, aber eines, auf das wir alle früher oder später vorbereitet sein müssen. Ist es deshalb nicht sinnvoll, darüber zu sprechen und Pläne zu schmieden, um sich darum zu kümmern, bevor es mit einem Schlag über uns hereinbricht und für alle Beteiligten Chaos mit sich bringt?

Ist es darüber hinaus nicht sinnvoll, darüber zu sprechen, wie wir unser Leben in vollen Zügen genießen können, vorauszuplanen und uns realistische Ziele zu setzen, wenn der Alterungsprozess seinen Tribut zu fordern beginnt? Schließlich wollen wir nicht vorzeitig sterben.

Wir sollten jeden Tag aufstehen, die Jalousie hochziehen, in den Himmel blicken, die frische Luft genießen und für alles, was uns geschenkt wurde, dankbar sein können.
Neulich fragte mich ein Freund, ob ich bereit sei zu sterben. In Wahrheit hatte ich bis zu diesem Moment nicht wirklich viel darüber nachgedacht. In den folgenden Tagen beschäftigte ich mich mit dieser Frage, und meine Antwort lautet: »Ja.«
Ich weiß, dass meine Zeit kommen wird und dass ich keinen Einfluss darauf habe, abgesehen davon, auf mich aufzupassen und mit meinen Aktivitäten Maß zu halten. Warum sollte ich mir also darüber Sorgen machen? (Und diesen Rat gebe ich auch allen anderen.)
Darüber sollte man sich keine Sorgen machen.
Während ich also jeden Augenblick des Lebens nehme, wie er kommt, überlasse ich Gott die Details meines Lebensendes. Die wahrscheinlich tiefgründigsten Worte, die ich zu diesem Thema kenne, wurden von einem der meistrespektierten, wenn nicht sogar dem am meisten verehrten jüdischen Gelehrten und Religionslehrer, Rabbi Joshua Heschel, in seinem Buch *Man is not alone* geschrieben:

> »Die größte Weisheit, die der Mensch erlangen kann, ist die Erkenntnis, dass sein Schicksal darin besteht, zu helfen und zu dienen. Die Bedeutung des Todes ist folgende: die letzte Hingabe an das Göttliche. So verstanden wird der Tod nicht durch die Sehnsucht nach Unsterblichkeit verfälscht, denn dieser Akt der Hingabe ist Gegenseitigkeit, des Menschen Part für Gottes Geschenk des Lebens. Für den Frommen ist es ein Privileg zu sterben.«

Jeder von uns hat von Geburt an in seinem Geist und seinem Herzen die Wahl, gut oder böse, stark oder schwach zu sein und den Verlauf seines Lebens zu verändern sowie ein hohes Maß an Glück zu erlangen.

Die Entscheidungen, die wir treffen, bestimmen, ob wir, wenn wir unsere letzten Jahre erreichen, einfach aufgeben, still auf unseren letzten Atemzug warten und unsere letzten Jahre verärgert über den Alterungsprozess verbringen oder ob wir trotz unserer körperlichen und geistigen Verfassung und unserer Erfahrungen in der Vergangenheit versuchen, jeden Moment unseres Daseins zu genießen (so, wie es meine Cousine Ruth mit 96 Jahren noch getan hat).

Der bekannte Sportkommentator und Autor Mitch Albom erzählt in seinem Bestseller *Tuesdays With Morrie* die Geschichte seiner Beziehung zu seinem ehemaligen Lehrer und Freund Morrie Schwartz und berichtet, dass er, nachdem er erfuhr, dass Morrie an ALS erkrankt war, anfing, ihn jeden Dienstag zu besuchen und Morrie durch seine letzten Tage zu begleiten.

Es folgt ein Beispiel dieser Erfahrung, die ich in meinem Leben viele Male gemacht habe:

Carl war ein pensionierter Versicherungsvertreter, bei dem im Alter von 65 Jahren Lungenkrebs im Endstadium diagnostiziert wurde. Er war geschieden und hatte zwei Kinder, die nicht in der Nähe seines kleinen Hauses in Las Vegas wohnten.

Er kontaktierte das Nathan-Adelson-Hospiz und bat um Hilfe, und ich wurde beauftragt, ihn mit Freundschaft und einigen sozialen Aktivitäten zu versorgen, damit er während seiner letzten Lebensjahre ein möglichst angenehmes Dasein führen konnte.

Wir trafen uns ein oder zwei Mal pro Woche für drei Stunden und taten alles Mögliche; wir diskutierten die Weltlage, gingen zusammen zum Essen aus, spielten Gin Rummy, Schach, Cribbage und so weiter.
Bei all diesen Spielen schlug er mich, was für mich höchst frustrierend war. Tatsächlich sagte ich einmal zu ihm, nachdem ich beim Cribbage wirklich schlimm verloren hatte: »Würdest du nicht sterben, würde ich dich umbringen!« Wir mussten beide herzlich lachen.
Carl hatte ein sehr großes Doppelbett, und wenn er sich während eines meiner Besuche nicht wohlfühlte, legten wir uns darauf und unterhielten uns über alle möglichen Themen. An dem Abend, als Ronald Reagan zum Präsidenten gewählt wurde, schauten wir uns das Geschehen im Fernsehen an und diskutierten über unsere jeweilige politische Einstellung.

Alles, was mich nach dem bereits erwähnten Brand im MGM Hotel am Abend des 21. November 1980 in das Leichenschauhaus des Clark County brachte, und alles, was seither geschehen ist, wird durch dieses Ereignis veranschaulicht.
Nichts von dem, was Sie in diesem Buch gelesen haben, fasst besser zusammen, warum es so wichtig ist, dass die hier angesprochenen Themen nicht kurz vor dem Lebensende oder am Lebensende besprochen werden, sondern schon in einer frühen Phase der Lebensreise.
Ich fordere Sie auf: Egal, wo Sie sich auf der Straße des Lebens befinden, halten Sie inne und machen Sie eine Bestandsaufnahme, wer Sie wirklich sind und wie Sie beginnen können, jeden Tag Ihres Lebens so zu leben, als wäre es der letzte. Im

Endeffekt haben wir die Wahl zu leben, bis wir sterben, oder den Tod zu akzeptieren, bevor wir sterben.

> »Man sollte alle Tage wenigstens ein kleines Lied hören, ein gutes Gedicht lesen, ein treffliches Gemälde sehen und, wenn es möglich zu machen wäre, einige vernünftige Worte sprechen, damit weltliche Sorgen den Sinn für das Schöne, das Gott in die menschliche Seele gepflanzt hat, nicht verkümmern lassen.«
>
> — Johann Wolfgang von Goethe

Die Erkenntnis des Lebenssinns, Teil 2.

Viele Jahre habe ich mit mir gehadert und versucht, die Antwort auf die Frage zu finden, ob es tatsächlich so etwas oder so jemanden wie Gott gibt, der alle Aspekte des Lebens vorherbestimmt. Ob Gott schlimme Dinge – wie zum Beispiel Erdbeben, Überschwemmungen, Kriege, Krankheiten und Unfälle –, aber auch schöne Ereignisse wie Hochzeiten, Geburten, Bildungserfolge und beruflichen Erfolg usw. vorherbestimmt.

Im Laufe meines Lebens begann ich zu verstehen – wie auch Sie verstehen werden –, dass es so geplant ist. Die Natur und Gott spielen im Lebenszyklus zwar eine Rolle, doch wir als Individuen können viel tun, um die Auswirkungen schlechter Ereignisse abzumildern und großen Nutzen aus unserer Lebensfreude zu ziehen.

Denjenigen, die nicht an Gott oder eine höhere Macht glauben, sei empfohlen, das Wort Gott, wann immer es hier erscheint, durch »das Unerklärliche« zu ersetzen.

In den vorangegangenen Kapiteln wurde zwar absolut klar gemacht, dass es in diesem Buch nicht um Religion geht und dass ich alle Glaubensrichtungen respektiere, doch würde man bestreiten, dass unser Glaube (oder sogar unsere Spiritualität) während unseres Lebenswegs keinen Einfluss auf unser Denken hat, dann würde man die Realität ausblenden.

Wie oft hören wir am Tag die Worte »Ich bete für dich«, »Gott sei mit dir« oder »Gott ist mit dir«? Das sind nicht nur Floskeln, die Ihnen durch schwierige Zeiten helfen sollen, sondern aufrichtige Überzeugungen derjenigen, die Sie kennen oder sogar von Fremden, die vielleicht aufgrund eines Gesprächs mit Ihnen oder einem Ihrer Familienmitglieder von der Traurigkeit erfahren, die Sie gerade bedrückt.

Fast täglich hören wir Berichte, dass immer weniger Menschen an Gottesdiensten teilnehmen, aber ist das wirklich ein Hinweis darauf, dass die Menschen keinen Glauben haben? Ich bin der Meinung, dass wir Spiritualität und Glauben von der Religionsausübung trennen müssen. Gebete zu sprechen und an religiöser Praxis teilzunehmen, ist das eine; an die Lehren unserer Religion zu glauben hingegen etwas ganz anderes.

Wir müssen verstehen, dass Gott, während die Menschheit sich seine Hilfe und Führung wünscht, zugleich die Liebe und Unterstützung der Menschheit sucht. Die biblische Geschichte der Jakobsleiter demonstriert, dass Glaube und Spiritualität von unserer Hoffnung, in den Himmel zu gelangen, herrühren. Die Kraft, die finsteren Tage des Lebens durchzustehen, kommt von der Liebe und Unterstützung aus dem Himmel.

Die Menschen sind Teil Gottes und der Natur. Die Wissenschaft hat weitgehend bewiesen, dass gute Ernährung und Sport zwar wesentliche Faktoren sein können, damit der Körper die Lebensreise gut übersteht, aber wir wissen auch, dass unsere Gemütsverfassung stark davon beeinflusst werden kann, wie wir unsere Spiritualität und unseren Glauben nutzen.

Bei einem Vortrag für eine Gruppe von Senioren führte ein bekannter Psychologe ein Zitat an, in dem es im Grunde hieß, das Altern werde von der Menge an Stress bestimmt, den wir im Laufe unseres Lebens hatten. Das hat mich schockiert. Als ich ihn fragte, ob das etwa bedeuten solle, dass wir ohne Stress nicht altern würden, machte er schnell einen Rückzieher. Altern ist naturbedingt, aber wie wir altern, kann eindeutig durch die Stressbelastung beeinflusst werden.

Wie können wir unser Schicksal verändern? Indem wir ein Leben in Frieden mit uns selbst, unserer Familie und Gemeinde führen; indem wir jeden Tag durch die Art und Weise, wie wir leben, Glück finden; und indem wir feststellen, dass unser Glaube und unsere Spiritualität uns sowohl während der glücklichen als auch der schwierigen Zeiten unterstützen.

Solange wir nicht verstehen, dass das Leben einen Sinn hat, suchen fast alle Menschen nach Stärke, um die Schwierigkeiten zu überwinden, die das Leben uns manchmal in den Weg legt. Möglicherweise ist dies ein Test unserer Widerstandsfähigkeit.

Vielleicht ist genau das mit der Redewendung gemeint: »zum Berggipfel hinaufblicken und durch unsere spirituelle Kraft die Zuversicht gewinnen, dass morgen ein besserer Tag sein wird als heute.«

Selbst diejenigen unter uns, die nicht regelmäßig in die Kirche unserer Wahl gehen und an Gottesdiensten teilnehmen, greifen in Zeiten von Stress und Krankheit auf Gebete zurück. Lassen Sie uns also mit dieser Frage beschäftigen, um zu sehen, wie Gebete helfen, uns zu heilen.

Warum würden wir das tun, wenn uns letztlich nicht klar wäre, dass es einen Gott gibt, an den wir uns wenden und den wir um Kraft bitten? Um stark zu sein, müssen wir realisieren, dass Gott zugleich tatsächlich auf uns blickt und wünscht, dass wir unsere Fähigkeit beweisen, diese Welt zu einem besseren Ort zu machen.

Mildred ist eine siebzig Jahre alte Witwe und sehr einsam. Sie beschließt, sich als Gefährten einen Papagei zuzulegen und ein wenig Leben in ihr Haus zu holen.
Sie geht in die nahe Zoohandlung und findet einen schönen Vogel, der aber unentwegt sagt: »Ich heiße Thelma und bin eine Nutte.«
Der Besitzer der Zoohandlung versichert ihr, dass das aufhören wird, sobald sie den Vogel nach Hause bringt und anfängt, mit ihm zu sprechen. Also nimmt sie den Vogel mit nach Hause, aber er sagt weiter unentwegt: »Ich heiße Thelma und bin eine Nutte.«
Mildred geht zu ihrem Pfarrer und bittet ihn um Rat, weil es ihr peinlich ist, dass der Papagei ständig diesen Satz sagt. Der Pfarrer hat Mitgefühl und rät Mildred, den Papagei in die Kirche zu bringen, wo er seinen eigenen Papagei hält, der aber, wie er ihr mitteilt, nichts sagt, sondern nur auf der unteren Käfigstange sitzt und betet. Er erklärt Mildred, dass sein Papagei den ihren wieder in Ordnung bringen wird, wenn beide zusammen im Käfig sitzen würden.
Mildred bringt ihren Papagei in die Kirche. Sie setzen ihn auf die oberste Käfigstange und verlassen den Raum.
Mildreds Papagei sagt: »Mein Name ist Thelma und ich bin eine Nutte.« Da hört der Papagei des Pfarrers auf zu beten, blickt hoch und sagt: »Meine Gebete wurden erhört!«

Wenn wir beten, tun wir im Grunde zwei Dinge:
- Wir treten mit unserem Glauben in Kontakt und bitten, dass uns die Stärke verliehen wird, uns oder diejenigen zu heilen, für die wir beten.
- Wir sprechen unsere tiefe Spiritualität an, um die Kraft zu finden, mit den aktuellen Ereignissen umzugehen, und erkennen an, dass wir vielleicht zwar keine Kontrolle über das Ergebnis haben, aber die Fähigkeit besitzen, unseren Leidensweg mit Entschlossenheit durchzustehen.

Zwar erzielte ich damit nicht die positiven Ergebnisse, die ich gern erreicht hätte, aber während Annas Krankheit beobachtete ich, wie dieser Prozess funktioniert. Anna war kein tief religiöser Mensch, aber sie glaubte ebenso wie ich daran, dass Gott in ihr war. Drei Jahre lang riefen wir jeden Tag unsere Seelen an, uns zu helfen, mit den Herausforderungen umzugehen und uns unsere positive Einstellung zu bewahren.

Meine Freundin Mimi, Annas Pflegerin, sagte mir etwa sechs Monate nach Annas Tod, dass sie während ihrer gesamten Laufbahn als Pflegekraft nie zwei Menschen wie Anna und mich gesehen habe, die sich nie darüber beklagten, was passierte und sich immer eine zuversichtliche Einstellung bewahrten, den Sturm durchzustehen und weiterzugehen – in eine friedliche neue Welt für sie und einen vertieften Glauben an das Leben für mich.

Beten, Traurigkeit, Weinen und Lachen sind alles Bestandteile dessen, was man als Therapie des Lebens bezeichnen könnte. Bedenken Sie: Hätten wir nicht die Fähigkeit zu sprechen, könnten wir nicht laut beten. Hätten wir nicht die Fähigkeit, Tränen zu vergießen, dann könnten wir nicht weinen oder lachen.

Ein Dichter schrieb einmal: »Hätten die Augen keine Tränen, hätte die Seele keinen Regenbogen.« Unser Glaube verlangt von uns zu verstehen, dass Herausforderungen Teil des Lebens sind und dass wir alle uns gegebenen Mittel einsetzen müssen – unsere Einstellungen, körperlichen Fähigkeiten und geistige Stärke –, um die schwierigen Zeiten zu überstehen, die wir im Laufe des Lebens häufig durchmachen.

Ja, Spiritualität und Glaube spielen in diesem Prozess eine entscheidende Rolle, solange wir verstehen, dass sie nicht immer in der Lage sind, die Ergebnisse herbeizuführen, die wir uns wünschen. Doch sie sind da und helfen uns, eine Krise durchzustehen und darüber hinaus unsere Ziele zu erreichen.

In einem der vorangegangenen Kapitel habe ich darauf hingewiesen, dass die »Hoffnung« das vierte Element des Lebens ist. Letzten Endes ist es die Hoffnung, nach der wir mit unseren Gebeten suchen.

> *»Wem das Haus des Schmerzes nie gezeigt wurde, der hat nur die Hälfte des Universums gesehen.«*
>
> — Ralph Waldo Emerson

Willkommen im Haus des Menschen!

WEISHEITS-NUGGET #26

Meditation und Achtsamkeit können die Lebensreise erfüllender machen.

Obwohl die medizinische Forschung geholfen hat und weiterhin hilft, Heilmethoden gegen zahlreiche Krankheiten zu entwickeln und das Leben sogar zu verlängern – auch wenn die Herausforderungen, mit denen mancher in der Folge konfrontiert wird, die Behandlung nicht immer lohnenswert erscheinen lassen –, sind wir uns sicher alle einig, dass es häufig Dinge gibt, die jeder Einzelne tun kann, um sich selbst zu helfen.

Die Praktiken von Meditation und Achtsamkeit, die durch den Buddhismus bei uns eingeführt wurden, haben sich zu sehr wichtigen Selbsthilfemethoden entwickelt, die es uns erlauben, mit Schmerzen, Depressionen und einer ganzen Liste von Lebensproblemen umzugehen.

Eine der wichtigsten Lektionen, die Anna mich gelehrt hat, war die Wichtigkeit, innezuhalten, täglich in uns hineinzuschauen und Bilanz zu ziehen, wo wir im Leben stehen. Das hat nichts mit religiöser Philosophie zu tun, es geht vielmehr darum, tief Luft zu holen und uns selbst und unsere Welt zu betrachten, indem wir »auf den Berg steigen«, bevor wir weitergehen.

Das bedeutet, dass wir uns aus der Alltagsroutine herausnehmen, uns von der Welt abschotten und die Vision von unserem Leben (die wir einmal hatten) und wo wir stehen betrachten müssen. Wir müssen überlegen, was wir erreichen wollen und was wir benötigen, um unseren Traum umzusetzen.

Vielleicht finden wir die Antworten nicht sofort, doch die Achtsamkeit gegenüber der Notwendigkeit, sie zu finden, ermöglicht uns weiterzuleben und darüber nachzudenken, wie wir unser Reiseziel glücklich und mit einem Erfolgsgefühl erfüllt erreichen können.

Der Transzendentalist William David Thoreau tat dies, als er zwei Jahre und zwei Monate seines Lebens allein in Walden Pond verbrachte. Neulich verkündigte der Sender NBC, dass die Johns Hopkins Universität von Baltimore eine umfassende Studie über Meditation durchgeführt habe, die ergab, dass diese für diejenigen, die Meditation erlernten, von großem Nutzen sei.

Das soll nicht etwa heißen, dass wir es uns alle leisten können, uns so wie Thoreau für längere Zeit von unseren Alltagsaktivitäten zurückzuziehen, aber wir können jeden Tag dreißig Minuten zurückgezogen verbringen, um unseren Geist und unser Herz zu erfrischen.

> *»Ich zog in den Wald, weil ich den Wunsch hatte, mit Überlegung zu leben, dem eigentlichen, wirklichen Leben näher zu treten, zu sehen, ob ich nicht lernen konnte, was es zu lehren hätte, damit ich nicht, wenn es zum Sterben ginge, einsehen müsste, dass ich nicht gelebt hatte. Ich wollte nicht das leben, was nicht Leben war ...«*
>
> — Henry David Thoreau, *Walden Park*

Wie wunderbar könnte unsere Lebensreise verlaufen, wenn wir uns nur - wie Thoreau - jeden Tag Zeit nehmen würden, uns selbst wiederzuentdecken.

Stimmen Sie mir zu?

Deshalb holen Sie tief Luft, weil wir uns dem Ende unserer Reise nähern, und lassen Sie uns sehen, wie Meditation die Lebensreise erfreulicher machen kann.

»Wenn ich schon nichts Sinnvolles tun kann, würde ich zumindest gern so wenig Schaden wie möglich anrichten.«

– Ahimsa (Gewaltlosigkeit – eines der wichtigsten Prinzipien im Hinduismus, Jainismus und Buddhismus)

Selbstverständlich kann niemand behaupten, dass die Meditation eine einfache Methode oder gar ein entscheidender Faktor in solchen Situationen ist, über die wir hier sprechen, aber sie funktioniert bei vielen Menschen und ist es mit Sicherheit wert, in unsere alltäglichen Aktivitäten integriert zu werden.

Zu viele Menschen halten Meditation und Achtsamkeit für eine kultische oder religiöse Methode und verzichten so auf die Gelegenheit, ihr Leben dadurch zu bereichern, dass sie sich von einem großen Teil der Last befreien, die sie täglich mit sich herumschleppen.

Stellen Sie sich folgende Frage: Wenn ich dadurch, dass ich jeden Tag mindestens 15 bis 30 Minuten allein verbringen würde, wieder zu mir selbst finden, mich entspannen und mein Leben so sehen könnte, wie es wirklich ist, und den Rest der Reise ohne all die Ängste, mit denen ich lebe, genießen könnte, würde ich wohl die Zeit dafür finden?

Welcher kluge Mensch würde das verneinen?

Der Autor und Dichter Jon Kabat-Zinn erklärt in seinem bekannten Buch über Meditation und Achtsamkeit: »Es ist möglich, durch Meditation Schutz vor einem großen Teil des Windes zu finden, der den Geist aufwühlt. Mit der Zeit kann sich ein Teil der Turbulenzen legen, weil sie nicht weiter angefacht werden. Doch was wir auch tun, letztlich werden die Winde des Lebens und des Geistes wehen. Bei der Meditation geht es darum, darüber Bescheid zu wissen und wie man damit umgeht.«

Angesichts der Geschwindigkeit unseres Alltagslebens ist es kein Wunder, dass viele Menschen sich im Laufe ihres Lebens müde und geistig, körperlich und psychisch ausgebrannt fühlen. Eine Pause einzulegen, um wieder einen klaren Kopf zu bekommen und einzuschätzen, wo Sie standen, wo Sie stehen und wo Sie hinwollen, kann sich ganz wesentlich darauf auswirken, wann und wo Sie am Ende landen werden.

Darum geht es bei der Meditation: Ein achtsames Auge auf Ihre Umstände zu haben und in der Lage zu sein, mit klarem Verstand Entscheidungen hinsichtlich der heutigen Wünsche, aber auch der Ziele von morgen zu treffen. Und sie ermöglicht uns, der Mensch zu werden, der wir wirklich sind – und nicht einer, der wir nicht sind, zu dem wir durch den Erwartungsdruck aber häufig werden.

> *»Keine Schmerzen zu haben, heißt, kein Mensch zu sein.«*
> — Jüdisches Sprichwort

In meiner Jugend freute ich mich immer, meine Mutter und ihre Mutter, die bei uns wohnte, zu beobachten, als sie wie wild kochten und backten. War das nicht das, was gute jüdische Frauen taten? (Ha!) Und natürlich durften wir die Kuchenkrümel essen, aber nie in der Küche helfen.

Schließlich war ich verheiratet und fing an, in der Küche herumzuwerkeln (das heißt zu kochen). Und dann fand ich wie durch ein Wunder eine Anstellung in der Lebensmittel- und Getränkeindustrie, fühlte mich darin in meinem Element und wurde zu dem, was meine Freunde, die nie zum Essen ausgehen wollten (und stattdessen meine Leckerbissen bevorzugten), als »guten Koch« bezeichneten.

Dabei entdeckte ich das Attribut der Meditation und der sinnvollen Achtsamkeit – nämlich die Fähigkeit, das Leben, das sich um mich herum abspielte, zu betrachten, aber auch meine eigenen Aktivitäten, während ich nebenbei fast automatisch vor mich hin kochte. Tatsächlich kamen mir während des Kochens viele Ideen für dieses Buch. Dann lief ich schnell zum Computer, um diese Gedanken festzuhalten, während das Essen in der Küche weiterbrutzelte.

Obwohl mir das alles leicht von der Hand ging, könnten andere eine Weile brauchen, bis sie sich diese Technik angeeignet haben, aber ich halte sie für eine wunderbare Art und Weise, beim Einkaufen, Kochen, Saubermachen usw. über unsere täglichen Aktivitäten nachzudenken.

Es gibt verschiedene Meditationstechniken, aber es spielt keine Rolle, ob Sie im Sitzen, Stehen oder Gehen meditieren. Wichtig ist nur, dass Sie verstehen, dass der Sinn darin besteht, nicht zu analysieren und an nichts Bestimmtes zu denken, sondern den Geist von allem, was in Ihrem Leben los ist, zu befreien und täglich nach innen zu blicken.

> »Man kann die Wellen nicht aufhalten, aber man kann lernen, darauf zu reiten.«
> — Swami Satchitananda

Wenn Sie sich nur an die Ahimsa erinnern, die ich oben zitiert habe, und durch Achtsamkeitsmeditation Ihr Inneres prüfen, werden Sie Ihren Geist bereits von einigen der Lasten befreien, die Sie täglich mit sich herumtragen.

»Wenn Sie König George V. oder Sir Winston Churchill nicht lieben können, dann beginnen Sie damit, zuerst einmal Ihre Frau, Ihren Mann oder Ihre Kinder zu lieben. Versuchen Sie, deren Wohlergehen jede Minute des Tages an die oberste Stelle zu setzen und Ihres an die unterste, und dehnen Sie den Kreis Ihrer Liebe von da aus. Solange Sie Ihr Bestes geben, kann von Versagen keine Rede sein.«

— Mahatma Ghandi

Sie sollten ungeachtet Ihres Alters, Ihres Gesundheitszustands und Ihrer Lebenssituation tief Luft holen, innehalten und sich mit offenem Geist genau betrachten. Seien Sie bereit, die notwendigen Veränderungen vorzunehmen, um nicht zu hart gegenüber Ihrem Körper und Ihrer Seele zu sein, und unternehmen Sie nichts, was anderen schadet, dann werden Sie am Ende einen sinnvollen Weg finden.

Es ist so traurig, dass wir zugelassen haben, dass unsere Gesellschaft so schnelllebig geworden ist, dass die meisten Menschen in ihrem Alltagsleben fast roboterartig geworden sind. Sie nehmen sich nicht die Zeit zurückzutreten, ihr inneres Selbst zu betrachten und sich zu fragen: »Wer bin ich? Wo stehe ich? Wo will ich hin?«

Es ist wie bei dem Experten in Sachen Effizienz, der vor einer Zuhörergruppe über das Thema sprach, warum es so wichtig ist, sich sorgfältig vorzubereiten und das Leben auf der Basis dessen, was Sie in Betracht ziehen, was Sie vorhaben und aller möglicher Konsequenzen Ihrer mutmaßlichen Handlungen zu planen.

Er nannte den Zuhörern ein Beispiel: »Jahrelang habe ich beobachtet, wie meine Frau das Frühstück zubereitet hat. Sie ging viele Male zwischen dem Kühlschrank, der Arbeitsfläche, dem Herd, der Speisekammer und der Spülmaschine hin und her und hatte gewöhnlich nur einen Gegenstand in der Hand. Ich machte ihr den Vorschlag, dass sie effizienter sein könnte, wenn sie weniger hin und her laufen würde.«

Einer der Zuhörer fragte: »Und, hat das Zeit eingespart?«

Darauf antwortete der Experte: »Ja. Sie hat früher für die Zubereitung des Frühstücks 25 Minuten gebraucht; ich mache es jetzt in neun Minuten.«

Wie viel leichter und entspannter könnte unsere Lebensreise verlaufen, wenn wir uns nur jeden Tag die Zeit nehmen würden, uns wiederzuentdecken.

Hinweis an meine Leser

Ich gebe zu, dass ich keine Ahnung habe, woher die folgende Geschichte stammt, aber sie scheint mir gut zu dem Spaß zu passen, den wir auf unserer Lebensreise haben, wenn wir über uns selbst lachen können. Es handelt sich um einen Brief, der Ann Landers, die in der *Chicago Sun-Times* die Kolumne, »Frag Ann Landers«, schrieb, angeblich vor einigen Jahren zugeschickt wurde.

»Liebe Ann,
über die Jahre hatte ich an Ihrer Kolumne sehr viel Freude, und als Arzt würdige ich Sie für die gute Arbeit, die Sie im Gesundheitsbereich leisten.

Hier etwas, was mir ein Freund neulich per Mail zugeschickt hat. Ich weiß nicht, wer es geschrieben hat, aber ich habe darüber so gelacht wie schon lange nicht mehr. Ich hoffe, Sie werden es Ihren Lesern präsentieren.
Ihr Freund (Name aus ethischen Gründen weggelassen)«

... Alle Welt hat einen Hund, der auf den Namen »Rover« oder »Boy« hört. Ich nenne meinen »Sex«. Er ist ein wunderbarer Freund, aber er hat mich sehr oft in Verlegenheit gebracht.
Als ich zum Rathaus ging, um mir eine neue Hundesteuermarke zu besorgen, sagte ich dem Angestellten, ich hätte gern eine Lizenz für Sex. Er antwortete: »Die hätte ich auch gern!« Ich erwiderte: »Aber es handelt sich um einen Hund.« Er sagte, es sei ihm egal, wie sie aussehen würde. Daraufhin erwiderte ich: »Sie verstehen nicht. Ich habe Sex, seit ich neun Jahre alt war.« Er zwinkerte und meinte: »Sie müssen es als Kind ja faustdick hinter den Ohren gehabt haben!«
Als ich geheiratet hatte und auf Hochzeitsreise ging, nahm ich den Hund mit. Ich sagte dem Angestellten im Motel, dass ich ein Zimmer für mich und meine Frau wollte und ein extra Zimmer für Sex.
Er sagte: »Sie brauchen kein extra Zimmer. Solange Sie die Rechnung bezahlen, ist es uns egal, was Sie treiben.«
Ich erwiderte: »Sie verstehen offenbar nicht. Sex hält mich die ganze Nacht wach.« Der Angestellte sagte: »Lustig, ich habe das gleiche Problem.«
Eines Tages meldete ich Sex zu einem Hundewettbewerb an, doch bevor der Wettbewerb begann, rannte

der Hund davon. Ein anderer Teilnehmer fragte mich, warum ich dastehen und enttäuscht dreinblicken würde. Ich sagte ihm, dass ich vorgehabt hatte, Sex im Wettbewerb zu haben.

Darauf riet er mir, selbst Tickets zu verkaufen. »Aber Sie verstehen nicht«, sagte ich. »Ich hatte gehofft, Sex im Fernsehen zu haben.«

Er erwiderte: »Jetzt, mit den vielen Kabelkanälen, ist das keine große Sache mehr.«

Als meine Frau und ich uns trennten, gingen wir vor Gericht und stritten darum, wer den Hund bekommen würde. Ich sagte: »Euer Ehren, ich hatte Sex schon, bevor ich geheiratet habe.« Der Richter meinte: »Das Gericht ist kein Beichtstuhl. Bleiben Sie bitte beim Thema.« Dann sagte ich ihm, dass Sex mich, als ich geheiratet hatte, verlassen habe. Er antwortete: »Mich auch.«

Gestern Abend ist Sex wieder einmal davongelaufen. Stundenlang habe ich in der Stadt nach ihm gesucht. Ein Polizist kam vorbei und fragte: »Was machen Sie um vier Uhr morgens in dieser Gasse?«

Ich sagte ihm, dass ich nach Sex Ausschau halte. Die Gerichtsverhandlung findet am kommenden Freitag statt …

»Lieber …,

ich stimme Ihnen zu. Es ist zum Totlachen. Was für ein Start in die Woche! Danke, dass Sie mir das zugeschickt haben. Diesen Namen sollte man seinem Hund besser nicht geben.«

WEISHEITS-NUGGET #27

Lassen Sie nicht zu, dass die Technik Ihr Leben bestimmt.

»Es gibt nichts Besseres als ein neugeborenes Baby, um den Geist zu erneuern – und Ihren Entschluss zu stärken, die Welt zu einem besseren Ort zu machen.«

— Virginia Kelley (1923-1994)

Die Technik und der wissenschaftliche Fortschritt haben sich auf die Menschheit dramatisch ausgewirkt, sowohl im Positiven wie im Negativen. Und obwohl wir uns alle der positiven Aspekte dieser Entwicklungen durchaus bewusst sind, können wir die negativen Seiten nicht sehen, uns anpassen und erkennen, wie sie sich im Laufe des Lebens auswirken, während wir uns unweigerlich dem Ziel unserer Reise nähern.

Schließen Sie sich mir an und beobachten Sie, so wie ich es getan habe, den Einfluss, den die Technik auf einen der wichtigsten Aspekte des Lebens genommen hat: die Rolle des Vaters und der Mutter als wichtigste Lehrer der Kinder.

Sie brauchen nur mit Lehrern zu sprechen. Sie werden Ihnen sagen, dass einer ihrer schwierigsten Aufgaben darin besteht, die Eltern ihrer Schüler dazu zu bringen, dass auch sie sich um die Bildung ihrer Kinder kümmern.

Es gab eine Zeit, da verbrachten die Eltern meiner Generation einen großen Teil ihrer Zeit mit ihren Kindern: an den

Wochenenden, nach der Schule und wann immer die Kleinen frei hatten.

In die Schule schickte man die Kinder, damit sie Wissen über Dinge, Ereignisse, Orte, die Geschichte usw. erlangten. Am Abend setzten wir uns an den Tisch und besprachen, was wir am Tag gelernt hatten und wie es sich auf unser Leben auswirkt.

Das hat es unseren Eltern ermöglicht, mit ihren Kindern zu reden, das, was sie gelernt hatten, zu erklären und zu vertiefen, und mit den Familienmitgliedern über das Leben und seine Konsequenzen zu diskutieren.

Tatsächlich waren Eltern für die weiterführende Bildung ihrer Kinder verantwortlich und beeinflussten ihren Charakter und ihre Handlungen, indem sie sie auf das Leben vorbereiteten. Heute wollen die Eltern unbedingt Freunde ihrer Kinder sein, nicht etwa ihre Anleiter, um durchs Leben zu kommen. Heutzutage ist der Vater damit beschäftigt, vom frühen Morgen bis zum Abend über Autobahnen zu fahren und zu Meetings zu hetzen, die helfen werden, den Lebensstil zu finanzieren oder einfach nur die Rechnungen zu bezahlen. Oder er spielt mit Geschäftskollegen Golf.

Auch die Mutter arbeitet Vollzeit und findet Wege, ihre Kinder beschäftigt zu halten, damit sie die Freiheit hat, ihr eigenes Ding zu machen, und die Kinder dürfen fernsehen, am Computer herumspielen oder ihre Zeit damit verbringen, mit ihren Freunden am Telefon zu quatschen – sogar während die Familie zusammen am Abendbrottisch sitzt. Häufig werden sie Babysittern anvertraut, um sicherzustellen, dass jemand bei ihnen ist.

Und zu all dem kommt hinzu, dass unser Bildungssystem dazu übergegangen ist, Hausaufgaben und auch Bücher abzuschaffen. Stattdessen werden Tablets und andere minderwertigere Lehrmittel genutzt.

Diejenigen, die während der Weltwirtschaftskrise aufgewachsen sind, können sich noch gut an folgende weisen Worte erinnern: »Alles, was du je wissen wolltest, findet sich in einem Buch.«

Die Technik kann durchaus sehr hilfreich sein, doch die Tatsache, dass viele Leute inzwischen ihre Bücher auf den Regalen durch E-Books ersetzen, bedeutet meiner Meinung nach, dass eine der kostbarsten Lernquellen des Lebens entfernt wird. Wie häufig nehmen die Menschen ein Buch tatsächlich noch einmal zur Hand, das sie schnell auf ihrem digitalen Reader gelesen haben? Wie sollen unsere Kinder lernen, wenn es kein sichtbares Regal angefüllt mit Wissen gibt, das ihre Neugierde weckt?

> *»Ich bin zwar erst 14, aber ich weiß genau, was ich will. Ich weiß, wer recht hat und wer sich irrt. Ich habe meine Überzeugungen, meine eigenen Ideen und Prinzipien, und obwohl es aus dem Mund einer Jugendlichen vielleicht etwas verrückt klingt, fühle ich mich eher wie ein Erwachsener als wie ein Kind. Ich fühle mich ganz unabhängig.«*
>
> — Aus dem Tagebuch der Anne Frank

Tatsächlich findet in vielen Haushalten kein Familienabendessen mehr statt. Jeder ist beschäftigt und rennt herum, geht aus, nimmt Tanzstunden, spielt Fußball und beteiligt sich an Aktivitäten, die den Eltern vielleicht Grund zum Prahlen liefern, die Kinder aber nicht wirklich bereichern oder auf die realen Themen des Lebens vorbereiten.

Die Jugend von heute hat keine echten Vorbilder, die ihnen helfen, ihr Leben zu gestalten, und diese traurige Realität hat immer mehr Kultsekten hervorgebracht sowie zu Drogen- und Alkoholmissbrauch und allen möglichen anderen sozialen Problemen geführt.

Wer sind die Lehrer unserer Kinder? Wie können wir erwarten, dass sich unsere Kinder emotional und intellektuell entwickeln und ja, reifen, wenn ihre Lehrer - ihre Eltern - keine guten Vorbilder sind?

> Ein Vater kam nach einem langen Arbeitstag spät nach Hause, setzte sich hin und las die Zeitung, und sein zehnjähriger Sohn saß neben ihm. Der Sohn fragte: »Papa, woher wissen wir, dass die Erde rund ist?«
>
> Der Vater, der weiter seine Zeitung las, knurrte: »Ich weiß es nicht.«
>
> Dann fragte der Sohn seinen Vater: »Wie kommt es, dass die Sonne und der Mond ihre Positionen verändern?«
>
> Wieder knurrte der Vater: »Ich weiß es nicht.«
>
> Der Sohn sagte: »Papa, tut mir leid, dass ich so dumme Fragen stelle.«
>
> Der Vater antwortete: »Das ist schon in Ordnung, mein Sohn. Wenn du keine Fragen stellst, kannst du auch nichts lernen.«

Wenn wir die Welt verbessern wollen, müssen wir unseren Kindern durch unser gutes Beispiel demonstrieren, dass es im Leben nicht darum geht, von den Eltern für etwas belohnt zu werden, was sie sich von uns wünschen, während sie schlechte Vorbilder abgeben, weil sie keine guten Lehrer sind. Ebenso wichtig ist, dass wir uns die Zeit nehmen, den

Kindern zuzuhören und sie zu ermuntern, einen Weg einzuschlagen, der ihren eigenen Lebenszielen entspricht.

Wir beurteilen unsere Jugend immer mehr nach ihrer Sportlichkeit, nach ihren Schulnoten und sonstigen Leistungen und nicht nach ihrer Fähigkeit zu denken und eine Vision vom Leben zu entwickeln, die von den Plänen ihrer Eltern für sie abweichen.

Falls Sie ein wirkliches Aha-Erlebnis haben möchten, setzen Sie sich hin und sprechen Sie mit einem Teenager. Fragen Sie ihn, was er über das Leben denkt und was er wirklich gern tun möchte. Das habe ich tatsächlich getan und war verdutzt, Feststellungen wie die Folgenden zu hören:

»Mein Dad sagt, ich soll versuchen, ins Footballteam zu kommen« und »Meine Mom hat mir gesagt, sie wäre total begeistert, wenn ich ein Stipendium fürs College kriegen würde.«

Hat irgendjemand diese Kinder je gefragt, was sie glücklich machen würde, oder sie mit den Dingen vertraut gemacht, die sie in Erwägung ziehen sollten, wenn sie über ihre Zukunft nachdenken?

Und beachten Sie: Während Eltern alles tun, um ihre Kinder vor den Schattenseiten des Lebens zu schützen, verhindern sie gewissermaßen, dass sie die Freude und das Glück sehen, das sie erwartet. Damit unsere Kinder die Herausforderungen des Lebens kennen, sollten sie, selbst die Kleinen, von solchen Dingen hören. Sie verstehen besser, als wir meinen, was um sie herum vor sich geht.

Lassen Sie mich zwei der interessantesten und lustigsten wahren Geschichten erzählen, die diesen Punkt so gut verdeutlichen. Sie sind tatsächlich wahr, und es ging dabei um meinen Urenkel Tripp:

Tripps Mutter bereitete sich auf die Ankunft ihres zweiten Kindes vor, und die Familie wollte in ein neues Haus ziehen, weil sie sich ja vergrößerte. Deshalb hatten sie einige Wohnzimmermöbel zum Verkauf angeboten und einen Termin vereinbart, an dem der Käufer diese abholen würde. Meine Enkelin Jennifer rief ihre Mutter an und bat sie, Tripp von der Vorschule abzuholen und ihn nach Hause zu bringen, weil sie sich um den Möbelverkauf kümmern wollte.

Als ihre Mutter Tripp nach Hause brachte, setzte er sich auf das einzige im Zimmer stehende Möbelstück, den Couchtisch. Jennifer fragte ihn, ob ihr Wohnzimmer irgendwie anders aussehen würde, weil es offensichtlich ziemlich leer war. Tripp verneinte.

Wieder fragte sie ihn, ob er etwas Außergewöhnliches bemerkt hätte, vor allem an den Stellen, wo die Möbel gestanden hatten.

Er schaute sie an und sagte: »Warum glaubst du, sitze ich auf dem Tisch?«

Man sollte nie davon ausgehen, dass Kinder nicht wissen, was um sie herum vor sich geht, und immer dafür sorgen, dass ihnen die Lebensweisen erklärt werden, die guten wie die schlechten.

> Ein sieben Jahre altes Mädchen läuft in den Garten und fragt seinen Vater, der gerade mit Gartenarbeit beschäftigt ist: »Daddy, was bedeutet Sex?«
>
> Der Vater ist über diese Frage verdutzt, aber er setzt sich neben sie und spricht über Blumen und Bienen. Er erklärt den Geschlechtsverkehr und die Empfängnisverhütung. Er redet von Sperma, Eiern, Pubertät, Menstruation, Männern, Frauen, Liebe usw.

Er ist der Meinung, dass es das Beste sei, ehrlich zu sein, wenn sein Kind ihm eine Frage stellt. Das Kind ist von all diesen neuen Informationen, die es über das Leben erhalten hat, überwältigt.

Dann fragt der Vater: »Warum wolltest du, dass ich dir alles über Sex erzähle?«

Darauf antwortet es: »Weil Mom mir gerade gesagt hat, dass das Mittagessen in ein paar Secs (Sekunden) fertig ist.«

An alle jungen Menschen, die gerade auf den Highway zum Leben einbiegen, habe ich folgende Botschaft: Es ist euer Leben, und auch wenn ihr zu Beginn die finanzielle Unterstützung anderer braucht, lebt es, sobald ihr die Richtung kennt. Sucht Rat, wägt ihn sorgfältig ab und geht dann weiter, um *eure* Ziele zu erreichen, nicht die Ziele anderer.

Bedenkt, dass ihr am Lebensende die Last des Erfolgs – oder Scheiterns – tragen werdet. Die Schuld am Scheitern könnt ihr keinem anderen zuschreiben.

> *»Wir bekommen unsere Eltern, wenn diese schon so alt sind, dass es schwer ist, ihre Gewohnheiten zu ändern.«*
> — Lebensweisheit

Und allen Eltern sei gesagt: Lieben Sie Ihre Kinder für das, was sie sind, nicht für das, was Sie erwarten, dass sie werden sollen. Sprechen Sie mit ihnen und hören Sie ihnen zu. Ich weiß, dass mein Leben dadurch bereichert wurde, dass ich meinen Kindern und Enkeln zugehört und beobachtet habe, wie sie ihr Ding machten, auch wenn ich es anders gemacht hätte.

Es gibt noch ein weiteres Element des Familienlebens, das sich dramatisch verändert und sich auf das Leben und die Einstellung der Jugend ausgewirkt hat. Es gab eine Zeit, als ein Großelternteil oder beide bei uns oder ganz in unserer Nähe wohnten und uns stark beeinflussten.
Heute leben die Großeltern häufig weit entfernt oder in irgendeiner Art von Einrichtung, und wir sehen sie meist nur bei besonderen Anlässen. Die Weisheit der Alten wird im Leben unserer Kinder schmerzlich vermisst.
Rabbi Harold Schulweis, mein verstorbener Freund und Mentor, der am 18. Dezember 2014 starb, schrieb in seinem wunderbaren Buch *In God's mirror*:

> »Wenn Eltern ihren Kindern nicht erlauben, die kranken Angehörigen im Krankenhaus zu besuchen (es sei denn, es liegt ein Gesundheitsrisiko vor) oder an der Beerdigung ihrer Großmutter teilzunehmen, damit sie die Menschen nicht weinen oder ihren Verlust betrauern sehen, berauben sie sie ihrer Menschlichkeit und ebnen den Weg für ihre fortwährende Suche nach Schmerzstillern. Ihr Charakter wird durch die elterliche Überfürsorge verdorben, die das Leben auf die Vermeidung von allen unangenehmen Dingen und die Suche nach unmittelbarem Vergnügen reduziert.«

In Wahrheit ist der Rabbi der Meinung, dass wir zu häufig Vergnügungen suchen, während wir eigentlich unser Leben führen sollten.
Eltern, die ihren Kindern das Recht verweigern, sämtliche Emotionen des Lebens kennenzulernen und wahrzunehmen, verweigern ihnen im Endeffekt die Fähigkeit, die

wahre Bedeutung des Lebens zu begreifen, bis es zu spät ist.

> *»Die erste Hälfte unseres Lebens wird uns von unseren Eltern ruiniert, die zweite von unseren Kindern.«*
>
> — Clarence Darrow

Lassen Sie mich zwei Beispiele anführen, wie die Eltern von zwei bekannten Persönlichkeiten die Zukunft dieser beiden Menschen beeinflussten:

Jason, ein sehr intelligenter junger Mann Mitte zwanzig, bekam von seinen Eltern gesagt, sie wünschten, dass er Arzt werden und in die Fußstapfen anderer Familienmitglieder treten solle.

Jason hatte keinerlei Interesse an der Medizin, doch seine Eltern teilten ihm mit, sie würden ihn finanziell nicht unterstützen und ihm das College nicht bezahlen, wenn er ihren Wünschen nicht nachkommen würde. Und weil er ein Einserschüler war, wurde er an der Hochschule ihrer Wahl problemlos zugelassen. Nach einem Semester wusste er, dass er einen Fehler gemacht hatte. Er fiel absichtlich durch die Abschlussprüfungen und musste die Hochschule verlassen.

Daraufhin wählte er eine andere Fachrichtung; diejenige, die ihn interessierte, wie er seinen Eltern mitteilte. Er beendete die vierjährige Ausbildung innerhalb von drei Jahren und wurde zu einer der angesehensten und bestbezahlten Führungskräfte auf seinem Gebiet – sehr zum Bedauern seiner Familie.

> *»Beschränken Sie ein Kind nicht auf Ihren eigenen Wissensstand, denn es wurde in eine andere Zeit hineingeboren.«*
>
> — Lebensweisheit

Die 17 Jahre alte Alice war eine sehr beliebte Schülerin, die in der Grundschule, in der Mittelstufe und in der High School einen guten Notendurchschnitt hatte. Sie schien, als sie ins Collegealter kam, für große Dinge prädestiniert zu sein.

Doch ihre Eltern beharrten darauf, dass sie ihr keine Ausbildung finanzieren würden, es sei denn, sie belegte das Fach Psychologie. Erstaunlicherweise hatte der Berater an der High School ihren Eltern gesagt, sie eigne sich nicht für ein Hochschulstudium.

Nach zwei Jahren an der Hochschule für Psychologie kam Alice zu dem Schluss, dass diese Ausbildung nichts für sie war. Sie verließ die Universität und fand einen schlecht bezahlten Job. Ihre Eltern waren entsetzt. Unbeirrt besuchte Alice nach Feierabend einige Geschäftsseminare und ist inzwischen zur Topmanagerin einer großen Firma aufgestiegen.

Wir müssen die Jugendlichen stets ermuntern, ihre Träume zu verwirklichen, nicht unsere, und wir müssen zugleich da sein, um zuzuhören, ihnen Ratschläge zu geben und ihnen zu helfen, während sie die verschiedenen Phasen des Lebens durchlaufen.

Ein Arzt war in seiner Praxis sehr mit Papierkram beschäftigt, als sein kleiner Sohn ins Zimmer kam und ihm schweigend zusah. Der Arzt konzentrierte sich auf seine Arbeit. Er schob die Hand in seine Tasche, zog eine Münze heraus und gab sie dem Kind. »Ich will kein Geld«, sagte der Junge.

Da zog der Arzt die Schreibtischschublade auf, holte einen Schokoriegel heraus und bot ihn seinem Sohn an. Wieder lehnte der Junge das Angebot ab.

Der Arzt war sehr ungeduldig und sehr beschäftigt, deshalb fragte er seinen Sohn: »Was willst du denn?«

»Ich will nichts«, antwortete der Sohn. »Ich wollte bloß bei dir sein.«

Die Jugendlichen von heute werden die Pflegenden von morgen sein. Wir müssen nicht nur gewährleisten, dass sie darauf vorbereitet sind, diese Aufgabe zu erfüllen, sondern ihnen auch den Weg aufzeigen.

Man braucht bloß Pflegezentren zu besuchen, in denen unsere alten Menschen untergebracht sind, um zu verstehen, wie das, was wir tun, unsere Kinder in ihren prägenden Jahren, ihr Denken und ihre Einstellung gegenüber unserer zweiten Kindheit beeinflusst.

Wenn wir die Phase der Jugend hinter uns haben, in der wir hoffentlich gelernt haben, wer wir sind und wo wir hinwollen, beginnen die mittleren Jahre, und wir sind mit ganz neuen Problemen konfrontiert.

Unsere Eltern und Geschwister haben neue Rollen übernommen, und wir haben gesehen, wie unsere Großeltern und anderen Verwandten gealtert sind. Bald ist unsere Jugend dahin, und wir werden die überwältigende Doppelrolle als Lehrer unserer Kinder und Pflegende unserer Eltern übernehmen.

Wenn wir nicht beginnen, uns mit allen um uns herum auf diese große Aufgabe vorzubereiten, kann es zu einer ernsten Krise in unserem Leben, aber auch im Leben aller Beteiligten führen, wenn wir plötzlich damit konfrontiert werden.

> *»Eltern, welche für eine gute Erziehung ihrer Kinder sorgen, sind mehr wert als die, welche sie bloß erzeugen. Nicht bloß das Dasein, sondern ein würdiges und beglücktes Dasein haben ihnen ihre Kinder zu verdanken.«*
> — Aristoteles

Wenn wir unsere Ausbildung absolvieren und/oder beginnen, den von uns gewählten Berufsweg einzuschlagen, unsere große Liebe finden und möglicherweise eine Familie gründen, treten wir in die mittlere Phase unseres Lebens ein. Wir sehen und spüren die Ergebnisse der Entscheidungen, die wir getroffen haben, während wir die Auswirkungen des Lebens erfahren, sowohl die guten wie die schlechten.

Und bedenken Sie: Wenn Sie eine Familie gründen, sind Sie im Begriff, Ihre zukünftigen Pflegenden zur Welt zu bringen. Ab diesem Zeitpunkt werden die Familienbeziehungen noch entscheidender.

> *»Ich liebe meine Eltern. Sie sind wunderbare Menschen, aber sie waren sehr streng mit mir, und ich suche noch immer nach Möglichkeiten, mich zu rächen. Als ich meine erste eigene Wohnung bezog und sie mich über das Wochenende besuchten, brachte ich sie in separaten Schlafzimmern unter.«*
> — Elaine Bernstein Partnow

Das mittlere Alter ist die Zeit im Leben, in der wir über berufliche Veränderungen nachdenken, in der wir überlegen, wo wir stehen und wohin wir gern möchten. Victor Frankl schreibt in seinem aufregenden Buch *Der Mensch vor der Frage nach dem Sinn:* »Es geht nicht immer darum, was der Mensch vom Leben erwartet, sondern was das Leben von uns erwartet.«

Es gibt jede Menge Fallstudien über die Midlife-Crisis. Sie erzählen die traurigen Geschichten, die passieren, wenn sowohl Männer als auch Frauen realisieren, dass sie in einem Beruf feststecken, den sie nicht mögen, in einer Ehe, die sie nicht für sinnvoll halten, und in einem Lebensstil, der sich nicht mit ihren Visionen deckt.

Wir haben Angst, unser Einkommen zu verlieren, befürchten das Auseinanderbrechen unserer Familie und wollen unsere Lieben nicht enttäuschen. Wir geraten in eine Lebensphase, in der wir Dinge zu tun beginnen, die unserem Charakter nicht entsprechen. Viel zu viele führen ein geheimes Leben, greifen zu Drogen und Alkohol oder begehen Selbstmord.

Alle Familien stehen zunehmend unter Druck, sich geistig, körperlich und finanziell mehr für die Pflege ihrer Eltern und anderer alternder naher Familienmitglieder zu engagieren. Die finanzielle und zeitliche Belastung, unter der die Gesellschaft steht, ist für uns alle ein schnell wachsendes Problem.

Das mittlere Alter ist auch die Zeit, in der alle möglichen Dinge wie Groll, Scheidungen, Eifersucht, religiöse und politische Differenzen sowie finanzielle Konflikte beginnen, die Familien auseinanderzureißen, anstatt sie zusammenzuschweißen.

Und so lassen wir genau in einer Zeit, in der wir uns der letzten Phase unseres Lebens nähern - die für manche früher kommt als für andere - zu, dass banale Differenzen einen Keil zwischen uns treiben.

> *»Diese Welt wäre für uns ein glücklicherer Ort,*
> *an dem es weniger Bedauern gäbe,*
> *wenn wir uns daran erinnern würden,*
> *mit Anmut die hohe Kunst des Vergessens zu üben.«*
>
> — Morris Mandel, Stories for Speakers

Wir müssen an diesem entscheidenden Punkt in unserem Leben innehalten und Bestandsaufnahme machen, wer wir sind, wo wir im Leben stehen und wo wir hinwollen. Es folgt eine unglaubliche Geschichte über eine sehr beschäftigte Person, die erklärte, wie diese Phase unseres Lebens abliefe, wenn wir bei unseren alltäglichen Aufgaben Achtsamkeit üben würden.

> »Mir ist neulich Abend etwas Wunderbares passiert. Ich habe wirklich Glück gehabt. Jeder sollte ein solcher Glückspilz sein. Ich hatte nichts Geschäftliches zu tun, kein Meeting und keinen gesellschaftlichen Anlass, deshalb bin ich zu Hause geblieben.
> Das war eine fantastische Erfahrung. Ich habe mit den Kindern gespielt, mit der ganzen Familie ferngesehen, mit meiner Frau geredet und gekuschelt, die Zeitung gelesen und mich einfach entspannt.
> Wie aufregend! Ich denke, ich trete der Organisation namens ›Bleib zu Hause‹ bei.«

In dieser Lebensphase müssen wir sicherstellen, dass wir unsere Familie zusammenbringen, um über unsere Gedanken über »morgen« zu sprechen, um Pläne für den Rest unseres Lebens zu machen und uns nicht nur auf unseren Ruhestand, sondern auch auf die letzte Strecke der Reise sachlich vorzubereiten.

> Kurz nachdem eine ältere weißhaarige Besucherin ihr Haus verlassen hatte, sagte ein junges Mädchen zu seiner Mutter: »Wenn ich eine so schöne, nette und liebevolle Person sein könnte, hätte ich keine Angst davor, alt zu werden.« Die Mutter antwortete: »Wenn du im Alter wirklich so werden willst, solltest du lieber jetzt damit anfangen. Das scheint mir keine Aufgabe zu sein, die man in Eile erledigen kann.«

Langsam, aber sicher erreichen wir die letzte Phase unseres Lebens, wenn unsere Kinder die Schulzeit hinter sich gebracht, ihre berufliche Laufbahn eingeschlagen oder geheiratet und in der Regel das Elternhaus verlassen haben. Manche gründen sogar ihre eigene Familie.
Zur gleichen Zeit beginnen sich bei uns womöglich einige gesundheitliche Probleme bemerkbar zu machen. Wir denken an das Rentenalter oder sind plötzlich damit konfrontiert, dass wir uns um unsere Eltern kümmern müssen, die dem Ende ihrer Reise nahe sind oder sich ihm nähern.
Ich habe mit dem Schwiegersohn eines Freundes gesprochen, der Ende sechzig war und dessen Frau vor Kurzem an einer plötzlichen Krankheit verstorben war. Sie war Anfang sechzig gewesen. Er erzählte mir, dass er seine Schwieger-

eltern jahrelang angefleht hatte, Pläne für ihr Alter zu machen, dass sie sich aber geweigert und gesagt hätten, das sei noch nicht der richtige Zeitpunkt dafür.

Schließlich konnte er sie kurz vor der Erkrankung seiner Frau überzeugen, es doch zu tun. Er erzählte mir, wie sehr ihm sein Schwiegervater dafür gedankt habe, dass er die Weitsicht gehabt hatte, sie zum Handeln zu zwingen, und wie viel einfacher er es der ganzen Familie dadurch gemacht hatte.

Wenn man sich für das Leben entscheidet, beinhaltet diese Entscheidung auch den Tod, und diesem muss ins Auge geblickt werden. Gibt es einen besseren Weg, die Früchte der Arbeit zu genießen, als diese Tatsache offen zu akzeptieren und zu tun, was getan werden muss, um uns darauf vorzubereiten und dann unser Leben so glücklich wie möglich weiterzuführen?

Die Feiertage rückten näher, und eine ältere Mutter, die in einiger Entfernung zu ihrem Sohn mittleren Alters in einem Seniorenheim lebte, antwortete ihm auf einen geschenkten Blumenstrauß mit folgendem Brief:

> »Meinem lieben Sohn und der Frau, die er geheiratet hat, was ein Fehler war: Frohe Feiertage!
> Danke für die schönen Blumen, die ich sorgfältig eingewickelt und tiefgefroren habe, damit sie für mein Grab frisch bleiben. Bitte mach dir um mich keine Sorgen. Ich habe zwar starke Atemprobleme, aber ansonsten geht es mir recht gut. Wichtiger ist, dass ihr alle die Feiertage genießt, auch wenn du so weit von deiner schwerkranken Mutter entfernt wohnst.

Ich lege diesem Brief meine letzten paar Dollar bei, mit denen du hoffentlich für meine Enkel Geschenke kaufst, was deine Frau sonst ganz bestimmt niemals tun würde.

Übrigens ist es zwar schon einige Jahre her, dass Großmutter starb, aber weil sie nie eine würdige Beerdigung bekam, haben Tante Shirley und ich sie letzte Woche umbetten lassen. Weil ich weiß, dass diese Person, die du geheiratet hast, dich niemals an dem Gottesdienst hätte teilnehmen lassen, habe ich dich nicht dazu eingeladen. Sie hat dir wahrscheinlich nicht einmal das Video von meinem Eingriff am Bauch gezeigt, das ich euch neulich zugeschickt hatte. Es wird Zeit, dass ich Schluss mache und schlafen gehe. Ich brauche eine Weile, bis ich im Schlafzimmer bin, weil mir mein Gehstock abhandengekommen ist, als ich vor ein paar Tagen versucht habe, ein paar Straßenräuber abzuwehren. Außerdem muss ich mir ein paar zusätzliche Decken suchen, weil mir letzte Woche die Heizung abgestellt wurde.

Ich weiß, wie wichtig die langen, teuren Ferien für dich und diese Frau sind, also bitte gib nicht noch mehr Geld für mich aus.

Bitte gib meinen Enkelkindern einen dicken Kuss von mir und richte der Person, die dich mir weggenommen hat – wer immer sie auch ist –, Grüße aus.

Ich hab dich lieb, Mutter«

— Anonym

Dieser Brief wurde natürlich zum Scherz hier eingefügt, aber er steckt leider voller Binsenweisheiten, wie ich jeden Tag erleben musste, als ich für dieses Buch recherchierte.

Wenn diejenigen, die gerade erwachsen werden, diese Art von Wut und Bitterkeit bei denjenigen, denen sie nachfolgen, feststellen, kommen sie wohl kaum umhin, eine verzerrte Wahrnehmung vom Leben zu haben.

Die Lektion, die man daraus lernt, ist die, dass wir von Geburt an bis ins Erwachsenenalter hinein das Leben beobachten und die Ereignisse verarbeiten, die sich im Leben unserer Eltern abspielen.

Wenn die Eltern unsere unausgesprochenen Fragen über die Bedeutung all dessen, was sich vor unseren Augen ereignet, nicht beantworten und die Geschehnisse nicht zeitnah erklären, bleibt uns nur, die Antworten im Laufe unserer Lebensreise selbst herauszufinden.

Sobald wir das mittlere Alter erreichen und beginnen, für die Entscheidungen, die unsere Eltern einst getroffen haben, verantwortlich zu werden, sind wir mit der schweren Aufgabe konfrontiert, verstehen zu lernen, was passiert ist und wie wir damit umgehen können.

Und genau zu dieser Zeit benötigen unsere Eltern wirklich unsere Hilfe, weil sie weder sich noch uns auf den Alterungsprozess vorbereitet haben. Wie viel besser wäre unser Leben, wenn wir rechtzeitig gut geplant hätten?

> *»Bedenkt, auch ein Experte war einmal ein Anfänger. Je früher man beginnt, desto früher gewinnt man die Kompetenz, mit den Herausforderungen des Lebens umzugehen.«*
>
> — Clarence Darrow

Wir haben sehr viel Zeit miteinander verbracht – von der Geburt bis zum Lebensende. Wir wollen nicht mehr vom

»Tod« sprechen. Wer weiß schon, was danach geschieht? Lassen Sie uns einfach »Lebensende« sagen.

Ein paar zufällige Gedanken zum Abschluss:

Nichts kann die Menschlichkeit ersetzen. Was ich damit meine? Technik, Maschinen - wir können das alles, was wir entwickelt haben, nutzen -, aber nichts kann an die Stelle der Liebe und Freundlichkeit eines anderen Menschen auf dieser Reise treten, die wir Leben nennen.

Übrigens können Maschinen auch nicht für Sie planen.

Technik kann weder Eltern, Familie, Freunde noch Lehrer ersetzen. Computer, Smartphones und andere technische Erfindungen haben ihren Platz, aber sie sind und können nicht Ersatz sein. Denken Sie daran, denn es ist viel zu leicht, Maschinen »die Arbeit« machen zu lassen. Das ist ein großer Fehler.

Als Beispiel dafür, was der Technik »fehlt«, sei erwähnt, dass es heute in vielen Familien kein gemeinsames Abendessen mehr gibt. Die Familie, seit Urzeiten die Quelle der wichtigsten Informationen und Weisheiten, wurde durch Tablets und Smartphones ersetzt, die alles Mögliche tun, Sie aber nicht in den Arm nehmen können.

Meiner Meinung nach unternimmt die ausschließliche Konzentration auf die Technik auf Kosten der Menschlichkeit gar nichts, um das Leben unserer Kinder wirklich zu bereichern und sie auf die tatsächlichen Probleme des Lebens vorzubereiten.

Kann ein iPad einem Kind helfen, sich emotional zu entwickeln? Ich glaube kaum ...

Für ein besseres Leben und eine erfüllendere Reise sollten Sie Ihre Kinder regelmäßig fragen, was sie glücklich macht. Und dann sollten Sie die Antworten in eine Lenkungsme-

thode einarbeiten, wie man die Kinder mit den Dingen vertraut machen könnte, die sie in Erwägung ziehen sollten, wenn sie über ihre Zukunft nachdenken. Diese Art von Informationen habe ich in diesem Buch zusammengefasst.
Kinder halten sich für unsterblich, aber glauben Sie mir, sie denken selten an die Zukunft, weil sie nicht immer ernst genommen werden. Stellen Sie die richtigen Fragen, führen Sie sie gut, dann werden ihnen Ihre Fürsorge, Ihre Vorbereitung und Menschlichkeit am Ende auf den schwierigen Pfaden, die man »Leben« und »Lebensende« nennt, immens helfen. Und so wird die Weisheit der Alten zur dauerhaften Kraft, weil Ihre Kinder sie ihren Kindern weitergeben werden und so weiter.
Und die Welt wird zu einem besseren Ort.
Vielen Dank. Ich weiß Ihre Nachsicht zu schätzen.

WEISHEITS-NUGGET #28

Entscheidungen, die unser Glück beeinflussen können.

»Ein Idealist ist einer, der bemerkt hat, dass eine Rose besser als ein Kohl riecht, und daraus folgert, dass sie auch eine bessere Suppe ergeben müsse.«

— H. L. Mencken

Von unseren ersten Lebenstagen bis zum Ende unseres Lebens stehen wir vor der Aufgabe, Entscheidungen zu treffen, die sich nicht nur auf unser eigenes Leben auswirken, sondern auch auf das anderer Menschen.

Egal ob es bei Entscheidungen um unsere Alltagsaktivitäten geht, um die Berufswahl, Gesundheitsfragen, den Alterungsprozess derjenigen, die wir lieben, oder um unser eigenes Älterwerden, es ist am wichtigsten, dass wir ein Konzept entwickeln, wie wir die Entscheidungen treffen werden, vor denen wir stehen, und welche Fragen wir dabei berücksichtigen müssen.

Bei vielen dieser Entscheidungen geht es auch um unsere moralische Einstellung, um das Richtig und Falsch. Manchmal sagen uns unsere eigenen moralischen Werte vielleicht, dass dies die falsche Entscheidung ist, aber die gesellschaftlichen Werte besagen, sie sei richtig.

Ich habe mit einem älteren Mann gesprochen, der mir erzählte, dass er früh im Leben mit einer Familienkrise konfrontiert war und er die Entscheidung fällen musste, etwas zu tun, was seinen moralischen Werten eindeutig widersprach, um den Zusammenhalt seiner Familie zu retten.

Er entschied sich, seine Familie zu retten, und nimmt die Schande seines Handelns lieber mit ins Grab, als seine Familie zu verletzen, indem er alle Fakten offen auf den Tisch legt, die ihn damals zu seiner Entscheidung veranlasst haben.

Manchmal treffen wir Entscheidungen, ohne um Rat zu fragen, weil wir Angst haben, dieser könnte uns davon abhalten, das zu tun, wozu wir uns bereits entschlossen haben. Bei meiner Arbeit als Berater in großen Unternehmen stelle ich meinen Klienten, bevor ich mit dem Projekt beginne oder Empfehlungen ausspreche, tatsächlich zuerst folgende Frage: »Haben Sie sich schon entschieden, was Sie tun wollen?« Wenn mit Ja geantwortet wird, stelle ich meine Arbeit ein. Wieso sollte ich meine Zeit vergeuden?

> Eine Lehrerin mittleren Alters investierte ihre Ersparnisse in ein Unternehmen, das ihr von einem Betrüger ausführlich erklärt worden war.
> Als ihr Investment verloren und der wunderbare Traum geplatzt war, ging sie zur Verbraucherzentrale. »Warum in aller Welt sind Sie nicht vorher zu uns gekommen?«, wurde sie gefragt. »Hatten Sie noch nichts von Verbraucherzentralen gehört?«
> »O doch«, antwortete die Dame traurig. »Ich weiß schon lange, dass es Sie gibt, aber ich bin nicht hierhergekommen, weil ich befürchtet habe, dass Sie mir davon abraten würden.«
>
> — Bits and Pieces

Einer meiner Lieblingsautoren ist Frank Bures. Seine Artikel erscheinen regelmäßig in verschiedenen Zeitschriften, auch im *Rotarian*. In der Dezemberausgabe 2013 schreibt er, wie wichtig es ist, »hohe Prinzipien anzustreben«, es damit aber nicht zu übertreiben.

Bures beschreibt seine Partnerin Bridget und erklärt, sie sei der Meinung, ein gutes Leben zu führen, würde bedeuten, einen Ausgleich zwischen dem zu finden, woran man glaubt, und den Menschen, die man liebt; zwischen der Welt und dem eigenen Zuhause; zwischen den eigenen Idealen und der Gemeinschaft.

Sämtliche Entscheidungen, die Sie treffen, sollten dieses Konzept berücksichtigen. Wir müssen auf unserer Lebensreise verstehen, dass die wichtigsten Entscheidungen, die wir treffen müssen, nichts mit den Themen zu tun haben, die ich am Beginn dieses Kapitels angesprochen habe, aber alles mit unserer Zukunft, unseren Beziehungen zur Familie und zu Freunden sowie mit unserem Schicksal.

Solche Entscheidungen müssen nur selten sofort gefällt werden, und es bleibt in der Regel genügend Zeit, sie zu treffen. Doch man muss früh im Leben beginnen, sie zu definieren, sie zu planen und dann tatsächlich fällen.

Wir müssen sie jedenfalls nicht innerhalb eines Tages treffen. Und wenn wir früh mit diesem Prozess beginnen und die anstehenden Entscheidungen planen, werden wir besser vorbereitet und gerüstet sein, wenn wir mit den unvermeidlichen, unerwünschten, unvorhergesehenen und unausweichlichen Entscheidungen konfrontiert sind, die uns wie ein Schneeball aus der Hölle zu treffen scheinen.

Eine der Lektionen, die ich im Laufe meines Lebens gelernt habe, ist die, dass Fragen zur Entscheidungsfindung, über die ich die Kontrolle habe, wenn sie mir von anderen gestellt werden, eine schnelle Antwort verlangen.

Und wenn ich in irgendeiner Weise zögere, werde ich zunächst einmal Nein sagen und mir dann die Zeit nehmen, um über das Problem nachzudenken. Falls ich es später anders sehe, ändere ich meine Meinung und sage Ja.

Sobald man einmal Ja gesagt hat, ist es sehr schwierig, ein Nein zu rechtfertigen. Doch wenn Ihnen klar wird, dass Sie eine sehr schlechte Entscheidung getroffen haben, seien Sie nicht zu stolz, es zuzugeben und Ihren Entschluss zu korrigieren.

Ich erinnere mich, gelesen zu haben, dass Abraham Lincolns Hände zitterten, als ihm der endgültige Entwurf der Emanzipationsdeklaration ausgehändigt wurde, und dass er seinem Stab sagte, sie solle am nächsten Tag wiedergebracht werden, weil er sich nicht wohlfühle, sie zu unterzeichnen. Nach einer erholsamen Nachtruhe und nachdem er die Deklaration am nächsten Morgen noch einmal durchgelesen hatte, unterzeichnete er sie.

Ich habe in diesem Kapitel bereits erwähnt, dass Sie bei der Entscheidungsfindung zwei wichtige Dinge berücksichtigen müssen: welche Auswirkungen Ihre Entscheidung auf andere Menschen hat und wie sie sich auf Sie und Ihre Zukunft auswirken wird. Wenn sie vor allem für andere vorteilhaft ist, müssen Sie vielleicht schwer schlucken und sich ermuntern, wieder nach vorn zu blicken.

Als ich vor Jahren an einem wichtigen Projekt für eine große internationale Firma arbeitete, hatte ich das Privileg, eine sehr schöne, intelligente, alleinstehende junge Frau kennenzulernen, mit ihr zusammenzuarbeiten und ihre Ausbildung zu organisieren. Eines Tages vertraute sie mir an, dass sie schwanger war und eine Abtreibung in Erwägung zog.

Sofort riet ich ihr, dies nicht zu tun, sondern das Kind zu bekommen und es aufzuziehen. Als sie mich nach dem Grund fragte, sagte ich ihr, dass sie sehr klug sei und eine gute Zukunft vor sich habe, aber dass sie ein wildes Leben führe und sich unter Kontrolle bringen müsse. Ich erklärte ihr, dass sie irgendwann den guten Mann finden und heiraten würde.

Nachdem sie darüber nachgedacht hatte, rief sie mich an und teilte mir mit, dass sie meinen Rat befolgen würde. Sie bekam das Baby, machte ihren Collegeabschluss und arbeitet seit vielen Jahren in einem bekannten Unternehmen.

Ihr Sohn ist sympathisch, gutaussehend und kommt in seinem Berufsleben gut voran. Die Familie ist lebendig, sehr erfolgreich und geht liebevoll miteinander um. Wir sind in Kontakt geblieben, und sie dankt mir stets für meine Beratung, obwohl ich ihr nichts weiter als einen dem gesunden Menschenverstand folgenden Rat gegeben habe.

Das ist die Kategorie von Entscheidungen, auf welchen die Lebenserfahrung beruht; Entscheidungen, die jeder von uns treffen kann, um anderen und uns zu helfen, das Leben in vollen Zügen zu genießen.

Ich kenne keine bessere Möglichkeit, diesen Punkt hier zu erklären, nämlich dass jede unserer Entscheidungen auch Einfluss auf andere Menschen hat, als mit den Worten von Harry Emerson Fosdick, der einst schrieb:

> »Wir fragen das Blatt, ›Bist du als Blatt vollständig?‹, und das Blatt antwortet: ›Nein, mein Leben ist von den Zweigen abhängig.‹ Wir fragen den Zweig, und der Zweig antwortet: ›Nein, mein Leben ist von der Wurzel abhängig.‹

Wir fragen die Wurzel, und sie antwortet: ›Nein, mein Leben ist vom Stamm, den Zweigen und den Blättern abhängig. Sind die Zweige ohne Blätter, dann sterbe ich.‹«

Rechnen Sie mit unerwarteten Hindernissen, die Entscheidungen im Weg stehen, welche wir für gut halten und welche uns manchmal traurig machen.

Ein junger Mann kommt zu seinen Eltern und erzählt ihnen, dass er verliebt ist und das schöne Mädchen heiraten möchte. Er sagt ihnen, dass sie Susan Brown heißt. Der Vater des jungen Mannes nimmt ihn beiseite und erklärt ihm, dass er Susan nicht heiraten könne, weil seine Frau, als er sie vor Jahren geheiratet habe, keine gute Bettpartnerin gewesen sei, und dass er, der Vater, eine Affäre mit einer anderen Frau gehabt habe und sein Sohn Susan Browns Halbbruder sei.

Der Sohn ist sehr verärgert, aber er beginnt, sich mit anderen Frauen zu treffen. Nach einigen Monaten kommt er wieder zu seinen Eltern und verkündet, dass er sich in Sherry Williams verliebt habe und sie heiraten wolle. Wieder nimmt der Vater ihn beiseite und wiederholt die gleiche Geschichte.

Der Sohn kann seine Verärgerung nicht mehr verbergen, er geht zu seiner Mutter und erzählt ihr, was passiert ist. Er erklärt seiner Mutter, dass sein Vater jede seiner Chancen zu heiraten zunichtemachen würde. Seine Mutter antwortet ihm, dass er nicht auf das hören solle, was sein Vater gesagt habe, weil er gar nicht sein richtiger Vater sei.

WEISHEITS-NUGGET #29

Lassen Sie nicht zu, dass Kleinigkeiten Beziehungen zerstören.

»Es war einmal ein kluger Mann, der jedem seiner Kinder anlässlich ihrer Volljährigkeit eine Waage schenkte. Als sie ihn nach dem Grund fragten, sagte er ihnen, dass sie auf ihrem Lebensweg in Situationen geraten würden, in denen ihre Fähigkeit, mit Wut und Vergebung umzugehen, auf die Probe gestellt würde. Und dass sie ihren Drang, diejenigen zu bestrafen, von denen sie meinten, trotz ihrer eigentlichen Güte verletzt worden zu sein, sorgfältig abwägen und einen Weg finden müssten, ihnen zu vergeben, um glücklicher zu werden.«

— Von mir

Man kann sich natürlich fragen, was die Themen Zorn und Vergebung mit unserem Lebensweg zu tun haben und warum sie als Bestandteil der Vorbereitung auf das Alter angesprochen werden müssen.

Wenn Sie innehalten und darüber nachdenken, werden Sie feststellen, dass es während einiger der schmerzhaftesten Phasen Ihres Lebens genau um diese Dinge gegangen ist. Als ich Menschen aller Altersgruppen für dieses Buch interviewte, wurde auf meine Fragen nach den Familienverhältnissen, den Freundschaften und Geschäftsbeziehungen häufig mit Begriffen wie »dysfunktional«, »bitter«, »zerstörerisch« und »hasserfüllt« geantwortet. Und glauben Sie bloß nicht, dass unsere Kinder unsere Reaktionen auf solche Beziehungen nicht mitbekommen und unser Ressentiment am Ende in ähnlichen Situationen in ihrem eigenen Verhalten nicht übernehmen werden.

Man kann die Geschichten des Alten und Neuen Testaments und andere historische Dokumente über das Leben nicht lesen, ohne zu erkennen, dass die Themen Zorn und Vergebung seit Anbeginn der Menschheit zu sehr viel Leid geführt haben. Sie waren ein Hauptfaktor für das Auseinanderbrechen von Familien, aber auch für deren Aussöhnung.

Es gibt die Geschichte von einem jungen Mann, der bei der Goldenen Hochzeit eines Freundes der Familie den Mann zum Spaß fragte, ob er während seiner langen Ehe nicht einmal an Scheidung gedacht habe. Der Mann antwortete ohne zu zögern: »Scheidung? Nie. Mord? Mehrfach.«

Es ist eine Sache, seine Frustration auf lustige Weise zum Ausdruck zu bringen, aber eine ganz andere, wütend herumzubrüllen, gemein zu handeln und diese Bitterkeit tagein, tagaus mit sich herumzutragen.

> Henry fragt seine Frau, ob sie anlässlich ihres Geburtstags gern nach Paris reisen würde. Sie sagt ihm, dass sie daran kein Interesse habe. »Und, wie wäre es mit einem Pelzmantel?«, fragt er.
> Wieder antwortet sie, das sei nicht das, was sie sich wünsche. »Eine Diamantuhr?«, schlägt er vor. »Nein«, antwortet sie und fügt hinzu: »Ich dachte an eine Scheidung.« Woraufhin er antwortet: »Etwas so Teures hatte ich eigentlich nicht im Sinn.«

Wie oft in Ihrem Leben hat jemand, den Sie kennen – ein Familienmitglied oder Freund –, etwas getan, was Sie so wütend gemacht hat, dass Sie den Betreffenden nicht mehr in Ihrem Leben haben wollten?

Neulich traf ich eine 85 Jahre alte gute Freundin. Sie erzählte mir, dass sie sich mit einer Frau gleichen Alters zum gemeinsamen Kartenspiel getroffen habe. Die Mitspielerin habe schließlich festgestellt, dass sie kein Geld dabei hatte. Meine Freundin lieh ihr 50 Cent, die die Frau ihr zurückzahlen wollte. Aber das tat sie nie.

Meine Freundin berichtete mir, wie wütend sie auf diese Frau sei, und ich fragte sie, ob es sich lohne, sich über eine solche Kleinigkeit derart aufzuregen. Sie aber konnte kaum an sich halten. Ich habe noch nie verstanden, weshalb wir als Menschen zulassen, dass wir wegen solcher Lappalien Beziehungen beenden und – noch schlimmer – unserem eigenen Wohlbefinden schaden. Insbesondere deshalb, weil es sich in fast allen diesen Situationen von Verärgerung um unbedeutende Kleinigkeiten handelt.

> *»Viele Menschen verlieren die Beherrschung nur deshalb, weil sie sehen, dass andere die ihre bewahren.«*
> — Frank Moore Kelly

Es gab einen sehr aktiven Witwer über achtzig, der vor wenigen Monaten seine Frau verloren hatte, die er geliebt hatte und mit der er dreißig Jahre verheiratet gewesen war. Obwohl er nicht aktiv nach einer neuen Liebe suchte, traf er eine Frau, die ihn vollkommen faszinierte.

Während er mit ihr eine Beziehung aufbaute, wurde er aufgrund von Eifersüchteleien und einer falschen Wahrnehmung dieser Frau und ihrer Beziehungen zu anderen geradezu fanatisch. Er verärgerte diese schöne Frau so sehr, dass sie die Beziehung abbrach und keinen Kontakt mehr mit ihm haben wollte.

Nachdem er einige Zeit damit verbrachte abzuwägen, wie wichtig ihm die Beziehung war und was er hätte anders machen können, um sie zu verbessern, wurde ihm klar, wie viel diese Frau ihm bedeutete. Und er kam zu dem Schluss, dass die einzige Möglichkeit, die Situation zu bereinigen, darin bestand, die volle Verantwortung für das, was geschehen war, zu übernehmen, obwohl er ernsthaft glaubte, dass er nicht allein dafür verantwortlich war. Er wünschte sich also eine Versöhnung.

Ich habe in meinem Leben die unglaublichsten Beispiele gesehen, wie aufgrund mangelnder Bereitschaft, Differenzen auszuräumen, wahre Liebe verloren ging, Familien zerbrachen und schmerzhafte Beziehungen mit ins Grab genommen wurden. Bei vielen dieser Differenzen handelt es sich, wenn man das gesamte Leben betrachtet, um Kleinigkeiten, bei denen es um nichts weiter als ums verletzte Ego geht.

> *»Dinge ignorieren zu lernen, ist einer der großartigen Wege zum inneren Frieden.«*
> — Anonym

Manchmal laufen die Dinge in einer Beziehung schief, auch wenn Sie sich nach gründlicher Überlegung sicher sind, dass Ihr Gegenüber komplett falsch lag. Wenn Sie darüber nachdenken, dass Wut und Verärgerung Ihnen im Großen und Ganzen langfristig Schmerz zufügen und das, was eine wichtige Beziehung sein sollte, beenden, erkennen Sie vielleicht, dass die bessere Lösung darin besteht, weiterzumachen und das Leben zu genießen.

Ein aus einem kleinen europäischen Land stammender Vater und sein Sohn besuchen die Vereinigten Staaten und gehen in ein großes Einkaufszentrum. Ihre Begeisterung über all die für sie neuen Dinge wird noch gesteigert, als sie sehen, wie zwei glänzende Wände aufgehen und sich wieder schließen.
Der Junge fragt seinen Vater, was das ist, und der Vater antwortet, dass er es nicht wisse. Genau in diesem Moment öffnen sich die Wände, eine ältere Frau geht hinein, und die Wände schließen sich. Nach ein paar Minuten öffnen sich die Wände wieder, und eine schöne junge Frau kommt heraus.
Der Vater ist ganz still und sagt schließlich zu seinem Sohn: »Ich weiß wirklich nicht, was das ist, aber so etwas müssen wir unbedingt für deine Mutter kaufen.«

»Ein eitler Mensch, ein verängstigter Mensch, ein engstirniger oder wütender Mensch kann über sich selbst nicht lachen; aber der Mensch, der über sich selbst lachen kann, hat einen weiteren Schritt hin zur perfekten geistigen Gesundheit getan, die der Erde Frieden und den Menschen Wohlwollen bringt.«

— Credo von Nat Schmulowitz

Rechtzeitige Vorbereitungen für das Ende der Reise machen die Ankunft deutlich angenehmer.

Bedenken Sie: Wenn eine Familie erfährt, dass sie ein Baby bekommen wird, beginnt sie sofort, Folgendes einzukaufen:
- Wiege
- Laufstall
- Hochstuhl
- Autositz
- Lätzchen
- Windeln
- Diverse Kleidungsstücke
- Wippe
- Babyfläschchen
- Bettzeug
- Diverse andere Dinge, die für die Pflege des Neugeborenen benötigt werden
- Irgendeine Art minimaler Finanzplanung für die Ausbildung des Kindes

Sobald das Kind geboren ist, ist absolut klar, dass es irgendwann sterben wird. Und was tut man im Laufe der Jahre, um sich auf dieses Ereignis vorzubereiten? Praktisch nichts, bis etwas passiert, was unter enormem Zeitdruck zu einer panischen Reaktion führt.

Würde jeder Mensch nur die Horrorgeschichten hören, die sich in Familien überall im Land abspielen, weil keinerlei Planungen für dieses absolut voraussehbare Ereignis vorgenommen wurden, die den Umgang damit so viel einfacher machen würden!

In den vorangegangenen Kapiteln habe ich mich bemüht, die vielen Fragen der Lebensreise zur Sprache zu bringen und zahlreiche Beispiele für Ereignisse zu liefern, die uns widerfahren und die mit Kummer und Herausforderungen verbunden sein können, uns aber auch helfen können, bis zum Ende ein angenehmes und glückliches Leben zu führen.

Sie finden in diesem Kapitel eine Liste von Fragen, deren Antworten Sie lange, bevor das endgültige Ziel erreicht ist, kennen müssen: ein Ziel, das in Wahrheit häufig schon ganz unerwartet früh oder in der Mitte einer normalen Lebensreise erreicht wird.

Millionen Menschen und Familien stellen allzu häufig fest, dass für sie der unvermeidliche Umgang mit dem Problem noch deutlich schwieriger geworden ist, weil sie es vermieden und hinausgeschoben haben, die entscheidenden Fragen rechtzeitig zu stellen und die Antworten niederzuschreiben.

Zwar kennt auch kein Fachmann auf diesem Gebiet jede Frage, die man stellen sollte, oder die korrekte Antwort in jedem individuellen Fall, doch mit den in diesem Kapitel gelieferten Informationen werden Sie mit Sicherheit einen Schritt weiter sein.

Meine eigenen Erfahrungen, die ich in den drei Jahren der Krankheit meiner geliebten Frau und dadurch gewonnen habe, dass ich in einer Einrichtung für betreutes Wohnen mit Menschen und deren Familien zusammenlebe, die wiederum ihre eigenen praktischen Erfahrungen gemacht haben, sind die Grundlagen dieser Informationen, und ich weiß, dass es keine bloße Theorie ist, sondern sich um Tatsachen handelt.

Darüber hinaus bin ich der festen Überzeugung, dass es, wenn ein Berater von außen oder ein erfahrener Pflegeberater beziehungsweise eine erfahrene Pflegekraft hinzugezogen wird, um bei diesem Prozess zu helfen, nicht ausreicht, wenn sie auf ihren Fachgebiet ausgebildet sind. Denn es ist absolut unverzichtbar, dass sie reichlich praktische Erfahrung im Umgang mit Menschen und Familien besitzen, die diesen Lebens-, Alterungs- und Todesprozess tatsächlich durchgemacht haben.

Eine Zulassung als Anwalt oder eine Lizenz, um als Versicherungs- oder Finanzberater zu arbeiten, stellt allein noch keine Garantie dar, dass Sie die besten Antworten erhalten werden. (Bitte beachten Sie, dass ich vor allen diesen Berufen den größten Respekt habe.)

Und achten Sie schließlich darauf, dass alle Entscheidungen und dafür diskutierten Informationen schriftlich festgehalten werden. Lassen Sie Kopien anfertigen und bewahren Sie diese in einem leicht aufzufindendem Ablage- oder Computersystem auf, das allen an der Umsetzung des Plans Beteiligten bekannt ist.

> Ein 78 Jahre alter Mann ging zu seinem Arzt, weil er sich nicht wohlfühlte. Der Arzt sagte, er müsse die Spermienanzahl bestimmen, und gab ihm einen Becher mit, den er am nächsten Tag gefüllt mitbringen sollte.
> Am nächsten Morgen gab er dem Arzt den Becher zurück, aber er war leer. Der Arzt fragte nach dem Grund,

und der Mann sagte, dass es schrecklich gewesen sei und er es nicht geschafft habe.

Er sagte, er habe es mit der rechten Hand probiert, dann mit der linken. Er habe seine Frau um Hilfe gebeten, und sie habe es mit der linken Hand, dann mit der rechten Hand und schließlich mit dem Mund versucht. Vergeblich. Dann hätten sie die Nachbarin um Hilfe gebeten. Der Arzt fragte: »Die Nachbarin?« Und der Mann sagte, dass sie es mit der linken Hand, dann mit der rechten Hand versucht habe, aber auch sie habe den Deckel des Bechers nicht öffnen können.

In den vorangegangenen Kapiteln haben Sie Informationen und Vorschläge gefunden, welche Dinge Einzelpersonen und Familien in einer frühen Phase ihrer Lebensreise vorbereiten sollten.

Nun folgt eine Liste der vielen anderen Themen und Fragen, die Sie sich stellen müssen, um möglichst gut vorbereitet zu sein, wenn der Zeitpunkt kommt, an dem diese Antworten parat und die Vorbereitungen getroffen sein sollten.

Vergessen Sie nicht, dass diejenigen, die hauptsächlich für die Pflege ihrer Lieben verantwortlich sein werden, dafür bereit und stark genug sein müssen, nicht auf die von ihrem geliebten Angehörigen geäußerten Wünsche einzugehen. So könnte Ihr Angehöriger zum Beispiel den Wunsch äußern, allein zu Hause zu leben, doch die Erfüllung eines solchen Wunsches könnte katastrophale Konsequenzen haben.

Checklisten und mehr

Falls Sie dieses Buch lesenswert finden und meine Hinweise für wertvoll halten, ermuntere ich Sie, die folgenden Listen einzuscannen oder auszudrucken, die Fragen zu beantworten und die Listen aufzubewahren.

Zuhause, Wohnort und persönlichen Angelegenheiten

- Haben Sie eine Liste aller Ihrer Ärzte sowie Ihrer Beziehung zu ihnen erstellt?
- Haben Sie eine Liste Ihrer Versicherungen, der Kontaktdaten und der Bezahlungsweise erstellt?
- Haben Sie einen gründlichen Gang durch Ihr Zuhause gemacht, es überprüft und darauf geachtet, dass die notwendigen Sicherheitsbedingungen angesprochen wurden?
- Wer sind im Falle eines Instandhaltungsproblems am Haus (Sanitäranlagen, Elektrik, Gartenarbeiten, Heizung etc.) die Anbieter, die Ihnen solche Dienstleistungen erbringen?
- Haben Sie ein Alarmsystem für den Fall, dass Sie stürzen oder Hilfe benötigen, und wie funktioniert es?
- Für den Fall, dass Sie die Hilfe eines Nachbarn brauchen: Mit wem haben Sie guten Kontakt und wie erreicht man ihn?
- Wo bewahren Sie Ihr Geld, Ihren Schmuck und andere Wertgegenstände im Haus auf?
- Wie heißt die Versicherung dieser Gegenstände und wie ist sie zu erreichen?

- Falls Sie noch Auto fahren: Wo werden die Autoschlüssel aufbewahrt, wo ist es versichert, und wie erreicht man die Versicherung?
- Gehört das Auto Ihnen, ist es geleast etc.? Und wer ist bei entsprechenden Fragen zu kontaktieren?
- Welche Kreditverpflichtungen haben Sie, wie können die Kreditgeber kontaktiert werden, und wo werden die Kreditkarten und -unterlagen aufbewahrt?
- Wer wird Ihre hauptverantwortliche Pflegeperson sein, und ist sie autorisiert, Entscheidungen in Ihrem Namen zu treffen?

Natürlich ist die Frage naheliegend: »Warum muss ich Antworten auf alle diese Fragen parat haben? Schließlich bin ich noch jung und meine Angehörigen sind erst im mittleren Alter. Wir haben noch Zeit.«

Leider sind auch junge Menschen und Personen mittleren Alters von Unglücksfällen betroffen. Und ich wiederhole, was ich bereits an anderer Stelle geschrieben habe: Neue umfassende Studien bestätigen frühere Untersuchungsergebnisse, die belegen, dass mindestens 25 Prozent der Alterserkrankungen, wie zum Beispiel Alzheimer, etwa im Alter von fünfzig Jahren aufzutreten beginnen.

Wie ich selbst viel zu spät herausgefunden habe, ist die Herausforderung, Antworten auf diese Fragen und die darauf folgenden gerade dann finden zu müssen, wenn man bereits mit seiner eigenen Krankheit oder der schweren Erkrankung eines geliebten Menschen voll beschäftigt ist, eine Last, die viel zu schwer ist.

Kranken- und Pflegeversicherung

Was die Versicherung und die Auswahl der Pflegekräfte anbelangt, gibt es viele zusätzliche Fragen. Lassen Sie uns diese ansehen:

- Welche Arten von Krankheiten, Behinderungen, langfristiger Pflege, Medikation oder anderen gesundheitlichen Problemen sind durch Ihre Versicherung gedeckt?
- Sind Sie gesetzlich oder privat versichert? Haben Sie eine Zusatzversicherung, die einen Teil der Kosten deckt, die von der Krankenversicherung nicht übernommen wird?
- Sind Sie für die häusliche Krankenpflege versichert?
- Sind Ihre Kreditkarten und anderen Vermögenswerte abgesichert?
- Sind Sie gesetzlich pflegeversichert?
- Haben Sie eine Liste mit Kontaktinformationen aller Versicherungen parat?
- Falls Ihre Familienangehörigen bei Ihnen mitversichert sind: Was geschieht mit deren Versicherungsstatus, wenn Sie sterben?
- Gibt es Wartezeiten, bis Ihre Versicherung aktiviert ist?
- Wissen Ihre Ärzte, wen sie für den Fall, dass Sie in Lebensgefahr schweben, anrufen müssen?
- Welche Medikamente nehmen Sie ein?
- Wissen alle Ihre Ärzte, bei welchen Arztkollegen Sie wegen Ihrer verschiedenen gesundheitlichen Probleme in Behandlung sind?

Wenn wir die vielen Fragen bedenken, die mit der Vorbereitung auf das Ende unserer Lebensreise verbunden sind, sollte absolut klar sein, wie überfordernd es sein kann, wenn man sich mit diesen Dingen nicht kontinuierlich befasst und sie immer wieder aktualisiert.

Und jetzt kommen wir zu der mit Abstand schwierigsten und kompliziertesten Frage, die sich auf alle anderen dargestellten Aspekte massiv auswirkt: Wie werden wir für alles aufkommen, was wir während einer gesundheitlichen Krise benötigen?

Finanzen

- Haben Sie einen Steuerberater, einen Finanz- oder Vermögensberater?
- Wie viel Geld steht zur Verfügung?
- Wie hoch ist das Gesamteinkommen?
- Welche Ressourcen gibt es, um Einkommen zu generieren?
- Haben Sie Gütertrennung vereinbart, oder werden Sie mit Ihrem Partner gemeinsam veranlagt?
- Sind Sie gesetzlich oder privat kranken- und pflegeversichert?
- Mein kranker Ehepartner ist handlungsunfähig: Kann ich in seinem Namen Rechtsdokumente unterschreiben?
- Wo befinden sich alle Ihre Finanzunterlagen?
- Haben Sie einen Safe oder ein Bankschließfach?
- Falls Sie einen Computer für Ihre Finanzunterlagen nutzen, welches Programm verwenden Sie, und wie lauten die Passwörter?

- Haben Sie eine Vollmacht für alle oder einige Finanzentscheidungen?
- Gibt es ein Testament oder eine Treuhandvereinbarung, und wo wird diese aufbewahrt?
- Haben Sie Kapitalanlagen, und wo befinden sich die entsprechenden Unterlagen?
- Falls Sie einen Betrieb oder ein Unternehmen führen: Welche Pläne haben Sie für dessen Zukunft ohne Sie gemacht?
- Und schließlich müssen für den Fall Ihres Todes viele persönliche Wünsche zur Sprache gebracht werden, wie zum Beispiel:
  - Wo wollen Sie beerdigt werden; haben Sie schon eine Grabstätte gekauft oder andere Pläne gemacht?
  - Falls eine Feuerbestattung gewünscht wird, haben Sie entsprechende Wünsche geäußert?
  - Haben Sie Entscheidungen hinsichtlich der Aufteilung Ihres Vermögens und Ihrer Wertgegenstände, wie beispielsweise Schmuck, Möbel und anderes, getroffen?
  - Haben Sie spezielle Wünsche für Ihre Trauerfeier geäußert (bis hin zu den Sargträgern, wie ich im Laufe der Planung von Annas Beerdigung herausfand)?

»Es ist Herbst; nicht draußen, sondern IN MIR ist es kalt.
Draußen ist Jugend und Frühling:
Ich bin es, der alt geworden ist.«

— Henry Wadsworth Longfellow, *Autumn Within*

Es gibt natürlich noch viele weitere Fragen, die in Einzelfällen auftauchen, doch selbst wenn Sie nur die hier aufgelisteten Punkte klären, werden Sie einen großen Schritt weiter und in der Lage sein, mit allem, was immer auch geschehen mag, reibungslos umzugehen.

Nichts ist während dieses Prozesses frustrierender als die Hindernisse, die diejenigen Menschen Ihnen in den Weg legen, denen Sie helfen wollen.

Die Beauftragten, Verwaltungsangestellten, Mitarbeiter in Schlüsselpositionen und Kundenbetreuer – die alle eines Tages selbst mit den gleichen Fragen konfrontiert sein werden, die Sie ihnen stellen – tun häufig so, als wären Sie die Ursache ihrer Probleme statt zu verstehen, dass Sie der Kunde, Klient usw. sind. Und dass sie Ihnen eigentlich helfen sollten!

Das soll die vielen wunderbaren Menschen nicht verunglimpfen, die ihre Rolle kennen und sich darum bemühen, dass man sich um Ihre Bedürfnisse kümmert.

Außerdem fordern die langen Warteschleifen, wenn man verschiedene Organisationen anruft, ihren Tribut, wenn die Zeit ohnehin knapp ist.

Falls Sie diese Aufgaben früh im Leben als Teil Ihrer normalen Verantwortlichkeiten erfüllen und die Ergebnisse routinemäßig aktualisieren, damit sie Ihren sich verändernden Bedürfnissen angepasst werden, aber auch um alle Ihre Familienmitglieder und anderen Beteiligten auf dem Laufenden zu halten, wird Ihre Planung einfach und problemlos sein und außerdem rechtzeitig erfolgen.

Ich möchte Sie ausdrücklich darauf hinweisen, dass die oben aufgeführte Fragenliste nicht die zahllosen medizinischen Fragen beinhaltet, mit denen man sich befassen muss und die Ihnen nur diejenigen Fachleute beantworten können, denen Sie vertrauen.

Aus eigener Erfahrung, aber auch derjenigen der vielen Personen, mit denen ich im vergangenen Jahr gesprochen habe, würde ich davon abraten, von Arzt zu Arzt zu rennen. Wählen Sie die medizinischen Fachleute, denen Sie vertrauen, sorgfältig aus, folgen Sie ihrem Rat, und fällen Sie Ihre Entscheidungen aufgrund ihrer Empfehlungen.

> Ein 55 Jahre alter Mann ging für seinen jährlichen Gesundheitscheck zu seinem Arzt. Nach der Untersuchung sagte der Mann zum Arzt: »Ich überlege, eine Vasektomie vornehmen zu lassen. Was halten Sie davon?«
> Der Arzt fragte ihn ein wenig überrascht: »Haben Sie mit Ihrer Familie darüber gesprochen? Das ist schließlich eine weitreichende Entscheidung.«
> Der Mann antwortete: »Ja, und sie sind dafür, es steht sechzehn zu drei.«

Kurzes Glossar und Definitionen

Pflegeberater bzw. Fallmanager

Das ist eine Fachkraft, ausgebildet für die Planung, Lokalisierung und Überwachung angemessener sozialer und medizinischer Dienste für Patienten und deren Familien, die das nicht selbst erledigen können. Ein gut ausgebildeter Pflegemanager ist von unschätzbarem Wert, wenn es darum geht, die richtigen Informationen zu erhalten. Er berät hinsichtlich der meisten Probleme und hilft Patienten und ihren Familien, rechtzeitig die richtigen Entscheidungen zu treffen.

Altenpflegemanager

Dabei handelt es sich um einen Fall- oder Pflegemanager, der sich auf die Einschätzung der Fähigkeiten von Senioren spezialisiert hat und helfen kann, einen Pflegeplan aufzustellen, um medizinische und soziale Fragen sowie die Unterbringung und anderes betreffende Fragen zu klären.

Geriater

Ein Geriater ist ein auf Altersmedizin spezialisierter Arzt. In der Regel handelt es sich um Internisten oder Allgemeinmediziner mit Zusatzausbildung.

Pflegekraft

Es handelt sich um eine Person, die Patienten pflegt, welche sich aufgrund verschiedener oben beschriebener Altersprobleme nicht selbst versorgen können. Es kann ein Freund, ein Familienmitglied oder eine bezahlte Hilfskraft sein. Die Pflege dreht sich in der Regel um persönliche Bedürfnisse, wie zum Beispiel das Anziehen und die Körperpflege. Es ist wichtig zu wissen, dass solche Pflegenden gewöhnlich nicht staatlich zugelassen sind.

Examinierte Pflegekraft

Das ist eine ausgebildete und examinierte Kraft für die allgemeine pflegerische Betreuung, die bei allen Aspekten der Pflege, einschließlich der Körperpflege, Nahrungsaufnahme und bestimmter Arten der Krankengymnastik helfen kann.

Ambulante Pflegekraft

Eine Fachkraft, die ausgebildet ist, Hilfe bei der Körperpflege, beim Ankleiden, Kochen und Essen leisten kann, aber auch bei leichten Haushaltstätigkeiten, um dem Patienten zu helfen, so unabhängig wie möglich in einer sicheren und angenehmen Umgebung zu leben.

Ambulante Pflegedienste

Diese organisieren und managen Pflegefachkräfte für die Betreuung zu Hause. Dazu gehört unter anderem Krankenpflege, Physiotherapie und/oder Körperpflege.

WEISHEITS-NUGGET #31

Der Verlust eines lieben Angehörigen sollte zu einer Feier seines Lebens führen.

Ich habe viele Träume geträumt, die nie wahr wurden. Ich habe sie bei Sonnenaufgang verschwinden sehen: Aber ich habe Gott sei Dank genug von meinem Traum wahrgenommen, um weiterleben zu wollen.

Ich habe viele Gebete gesprochen, auf die ich keine Antwort erhielt, obwohl ich lange geduldig wartete: Aber auf genügend meiner Gebete habe ich Antworten bekommen, um weiter zu beten.

Ich habe vielen Freunden vertraut, die mich enttäuschten und mich allein weinen ließen: Aber ich habe genügend treue Freunde gefunden, um weiter zu vertrauen.

Ich habe viele Samen gesät, die auf den Wegesrand fielen und den Vögeln als Nahrung dienten: Aber ich hielt genügend goldene Halme in der Hand, um weiter zu säen.

Ich habe den Becher der Enttäuschung und des Schmerzes geleert und viele Tage kein Lied gesungen: Aber ich habe genügend Nektar der Rose des Lebens genippt, um weiterleben zu wollen.

— Anonym

Je früher wir mit unseren Angehörigen darüber sprechen, welch wunderbares Abenteuer das Leben sein kann, und erkennen, dass wir unterwegs auf große Hindernisse stoßen können, die nur mithilfe der Kraft aller unserer Lieben und unserer Gemeinschaft beiseitegeräumt werden können, desto glücklicher wird unsere Lebensreise verlaufen.

Einige Menschen haben mich gefragt: »Warum sprechen Sie in Ihrem Buch so oft von ›der Reise des Lebens‹? Die Antwort ist einfach: Weil es so ist, und ich habe nie jemanden getroffen, der nicht wollte, dass seine Reise anders als vergnüglich verläuft.

Von Beginn an habe ich in diesem Buch über den Alterungsprozess und darüber geschrieben, was man wissen und vorbereiten muss, um bis zum Ende ein erfüllendes Leben führen zu können.

Ja, die Reise war nicht immer problemlos, und häufig waren wir frustriert und enttäuscht über die Ereignisse, aber bedenken Sie, dass Thomas Edison Tausende Fehlschläge hinnehmen musste, bevor er es hinbekam, die Welt mit Licht zu erfüllen.

Auch wenn wir den Tod für das Ende unserer körperlichen Präsenz halten, mag der Mensch zwar gegangen sein, doch das Vermächtnis unseres Lebens lebt in den Herzen und Gedanken derjenigen, die wir auf unserem Weg berührt haben, weiter, wenn wir ein sinnvolles Leben geführt, wenn wir anderen geholfen haben, ihr Leben zu leben und eine Basis für Familie und Freundschaft geschaffen haben.

Bedenken Sie die folgenden poetischen Worte: »Menschen sterben, aber die Liebe lebt weiter.«

Mag es auch noch so schwierig sein, Zeuge des Todes eines geliebten und bewunderten Menschen zu sein, ich denke, wir sollten darauf nicht mit Traurigkeit reagieren, sondern sein Leben und die Freude feiern, die wir erleben durften, weil wir ihn in unserem Leben hatten.

Was mich bei der Abfassung dieses Buches besonders traurig gemacht hat, war die Zahl der dem Tode nahen Menschen, die mir erzählten, sie würden es am meisten bedauern, nicht mehr Zeit investiert zu haben, um Freundschaften zu knüpfen. Solange diejenigen, die Sie zurücklassen, Ihre Präsenz in ihrem Alltagsleben spüren, geht Ihre Reise weiter.

Ich danke Ihnen, dass Sie mich auf dieser Reise begleitet haben und füge die Worte einer der großen Frauen der Welt an, Mutter Teresa:

Das Leben ist eine Chance, nutze sie.

Das Leben ist Schönheit, bewundere sie.

Das Leben ist Seligkeit, genieße sie.

Das Leben ist ein Traum, mache daraus Wirklichkeit.

Das Leben ist Herausforderung, stelle dich ihr.

Das Leben ist Pflicht, erfülle sie.

Das Leben ist ein Spiel, spiele es.

Das Leben ist kostbar, gehe sorgfältig damit um.

Das Leben ist Reichtum, bewahre ihn.

Das Leben ist Liebe, erfreue dich an ihr.

Das Leben ist ein Versprechen, erfülle es.

Das Leben ist ein Rätsel, durchdringe es.

Das Leben ist Traurigkeit, überwinde sie.

Das Leben ist eine Hymne, singe sie.

Das Leben ist ein Kampf, akzeptiere ihn.

Das Leben ist eine Tragödie, ringe mit ihr.

Das Leben ist ein Abenteuer, wage es.

Das Leben ist Glück, verdiene es.

Das Leben ist zu kostbar, zerstöre es nicht.

Das Leben ist das Leben, verteidige es.

Von Anfang an habe ich klar gemacht, dass Humor eines der wichtigen Elemente eines glücklichen Lebens ist. Ich bin der Meinung, dass die folgende lustige Geschichte die Herausforderung des Lebens zusammenfasst. Ich habe sie der Freundlichkeit einer lieben Freundin, Joan Vieweger, Mitbesitzerin des schönen Geschäfts Chocolate Firm Choclatique, zu verdanken:

> Faye, eine ältere Frau, erzählt ihrer Freundin Margaret, ihr Arzt habe ihr gesagt, sie müsse ein wenig Sport treiben. Dann berichtet Faye: »Ich habe mich gedreht und gewendet, mich gebückt und aufgerichtet, mich niedergekniet und mit den Armen geschwungen, ich bin auf und ab gesprungen. Und bis ich den Gymnastikanzug schließlich angezogen hatte, war die Übungsstunde zu Ende.«

So ist das Leben, genießen Sie es jeden Tag. Am Beginn dieses Buchprojektes hatte ich drei Hauptziele:

1. Die wunderbaren Erinnerungen an meine verstorbene Frau Anna in Ehren zu halten.
2. Meinen Kindern, Enkeln und Urenkeln ein Vermächtnis zu hinterlassen.
3. Meinen Lesern meine eigenen Lebenserfahrungen mitzuteilen.

Was ich jedoch nicht erwartet habe, war, dass ich während dieses Prozesses mich wirklich selbst betrachten und herausfinden musste, wer ich tatsächlich bin, und wie die Entscheidungen, die ich im Laufe der Jahre getroffen habe, alle um mich herum ebenso sehr beeinflusst haben wie mich selbst.

Ich war nie ein Mensch, der rückwärtsgewandt oder mit Bedauern gelebt hat. Schließlich kann man Geschehenes nicht ungeschehen machen. Aber ich kann dafür sorgen, dass der nächste Tag in meinem Leben besser wird als der vorangegangene.

Neulich sagte ein guter Freund zu mir, man könne durchaus verstehen, dass der Verlust meiner Frau und einiger sehr nahestehender Freunde für mich im vergangenen Jahr eine schwere Last gewesen sein muss.

Obwohl ich diese wunderbaren Menschen, die ich geliebt habe und die einen starken Einfluss auf mein Leben hatten, wirklich sehr vermisse und betrauere, glaube ich, dass es wichtig ist, den positiven Einfluss zu sehen, den diese Menschen auf mein Leben hatten. Dazu zählt die Art und Weise, wie sie mich im realen Leben inspirierten, ein besserer Mensch zu werden und jetzt jeden Tag zu leben, um die Welt besser zu machen. Dass ich sie spirituell bei mir behalte, ist also Teil meines Wachstums.

Ich fühle mich mit mir inzwischen sehr wohl. Mir ist klar geworden, dass andere mich, wenn ich gestorben bin, aufgrund ihrer Erfahrungen mit unserer Beziehung beurteilen werden und dass die Geister derer, die ich geliebt und aus den Augen verloren habe oder die gestorben sind, immer bei mir sein und mich durch die vor mir liegenden Tage führen werden.

Weil sich mein 85. Lebensjahr dem Ende zuneigt und ich Bilanz über das Negative und Positive in meinem Leben ziehe, möchte ich Ihnen mitteilen, welche Dinge ich für entscheidend halte, die es mir erlaubt haben, mich auf den Tod vorzubereiten. Diese Dinge, die auch mit einigen wesentlichen Nachteilen behaftet sind, haben mir geholfen, die Reise zu genießen. Wenn ich sie aufzähle, werden meine Leser vielleicht inspiriert sein, innezuhalten und sorgfältig in Erwägung zu ziehen, wie diese Gedanken ihnen helfen können, den größten Nutzen aus ihrer Reise zu ziehen:

- **Beobachten** Sie, und merken Sie sich die Art und Weise, wie die Menschen, die Sie kennen und treffen, in Ihnen ein positives Gefühl wecken, und beziehen Sie dieses in Ihr Alltagsleben ein.
- **Lernen** Sie, denjenigen, die Sie verletzt haben, zu vergeben. Es ist natürlich in Ordnung »vorübergehend wütend« zu sein, aber überwinden Sie diese Wut. Ist die Beleidigung wirklich so schlimm, dass Sie mit dem Betreffenden nichts mehr zu tun haben wollen, dann ist das in Ordnung. Entlassen Sie ihn aus Ihrem Leben, wünschen Sie ihm alles Gute, und machen Sie weiter, aber tragen Sie keinen Groll für den Rest Ihres Lebens mit sich herum.

- **Beurteilen** Sie Menschen nicht danach, was andere Ihnen über sie erzählen. Lassen Sie sich bei Ihren Beziehungen durch Ihre eigenen Erfahrungen leiten.
- **Befreien** Sie sich von Verärgerung. Sie schaden sich nur selbst, wenn Sie Ärger mit sich herumtragen. Ja, wir werden alle manchmal wütend und wollen schreien und toben. Doch bedenken Sie, dass so etwas passiert und dass Sie, wenn Sie an Ihrem Groll festhalten, nur Ihren Blutdruck in die Höhe treiben und Ihre Stimmung beim Umgang mit anderen negativ beeinflussen.
- Egal, um welches Problem es sich handelt, bedenken Sie, dass **gute Familienbeziehungen** die wichtigsten aller Beziehungen in Ihrem Leben sind. Früher oder später werden sie zum entscheidenden Faktor dafür, ob wir ein glückliches Leben führen oder nicht. Wir sind tatsächlich die Hüter unserer Brüder. Ich sehe das täglich bei meiner Arbeit mit Senioren. Nichts beweist dies deutlicher als die Lektüre der Bibel. Geschichte um Geschichte ist über die Jahrhunderte hinweg nach dem Auseinanderbrechen der Familie die Versöhnung die Basis für den glücklichen Ausgang sämtlicher Bibelbotschaften.
- Begreifen Sie die Bedeutung des Wortes **Liebe** und üben Sie deren verschiedene Anwendungsebenen. Es gibt die Liebe zwischen Familienmitgliedern. Wir bringen unsere Liebe zu unseren Freunden und Bekannten zum Ausdruck. Ihre Liebe zu Ihren Mitarbeitern zeigt sich in Ihrer Begeisterung über deren Erfolge und Ihren eigenen Leistungen. Und dann gibt es die zärtliche Liebe zwischen zwei Menschen,

die sich emotional miteinander verbunden haben. Schließlich gibt es eine besondere Liebe, die wir als lebenslange Erinnerung an diejenigen, die wir geliebt und verloren haben, mit uns tragen – egal welche Rolle sie in unserem Leben gespielt haben. Für die Entwicklung der Beziehung ist es wichtig, wie wir unsere Liebe in jedem der genannten Szenarien zum Ausdruck bringen. Manchmal genügt es zu sagen, wie Sie sich fühlen. Manchmal sagt eine herzliche Umarmung schon alles. Bei anderen Gelegenheiten, wenn ein Freund zum Beispiel mit einem tragischen Tod in der Familie zu kämpfen hat, bringt man seine Liebe am besten durch Schweigen und durch die unterstützende Anwesenheit zum Ausdruck. Und im Fall einer romantischen Liebe gibt eine Kombination aller oben genannten Formen plus Respekt vor der Unabhängigkeit der geliebten Person und ein Blick in die Zukunft, der in die gleiche Richtung geht, eine klare Botschaft, was der Andere Ihnen bedeutet.

- Als ich ein junger Mann war, brachte mir mein Vater bei, niemals aufzugeben, bis ich den besten Weg bei dem, was ich tat oder bei meinen Beziehungen, gefunden hatte. Er brachte mir bei, **beharrlich zu sein**, bis ich es erreicht hatte. Diese Lektion hat mir bis zum heutigen Tage sehr geholfen.

Das Leben ist herausfordernd und manchmal frustrierend, aber wenn Sie es von Beginn an richtig leben, kann es aufregend und lohnenswert sein. Ich habe noch immer meine Wünsche und Ziele, und wie ich festgestellt habe, konnte ich mit Beharrlichkeit und Durchhaltevermögen die meisten meiner Träume realisieren.

> Ein Freund sagt zum anderen: »Sag, liebst du mich?«
> Der andere erwidert: »Ich liebe dich sehr.«
> Da fragt der erste: »Weißt du, was mir Schmerzen bereitet?« Der andere antwortet: »Woher soll ich wissen, was dir Schmerzen bereitet?«
> »Wenn du nicht weißt, was mir wehtut«, erwiderte der Freund, »wie kannst du dann sagen, dass du mich ehrlich liebst?«
>
> — Morris Mandel

Während wir unser Leben führen und Entscheidungen treffen, ist es von zentraler Bedeutung, die Worte und Taten anderer zu berücksichtigen, deren Wege den unseren kreuzen. Wie oft haben wir Anführer vergöttert, die Güte und Charakter predigten, doch dann mussten wir feststellen, dass sie, während sie von Moral und gutem Verhalten sprachen, selbst ein genau gegensätzliches Leben führten?

Es gab Zeiten in meinem Leben, da musste ich innehalten und mich fragen: »Habe ich meine eigenen Überzeugungen durch dieses Handeln verraten? Welches Recht habe ich, das eine zu sagen und das Gegenteil davon zu tun?«

Ich habe Folgendes gelernt: Wenn ich nicht erkennen kann, was mir Schmerzen bereitet, wie kann ich dann erkennen, was denjenigen, die ich liebe, wehtut? Das sind die Dinge, über die wir mit unseren Kindern in ihren prägenden Jahren sprechen müssen und die wir täglich bei jeder Tat, bei jeder Entscheidung und bei jeder Beziehung zu berücksichtigen haben.

Egal, wohin mein Leben mich geführt hat, ich bin ein glücklicher Mann, weil ich in den Spiegel geblickt, über meine Fehleinschätzungen geweint, mir für meine guten Taten applaudiert und meine Gefühle allen, die ich ehrlich liebe und bewundere, mitgeteilt habe.

Meine tiefe Trauer ist in Freude darüber verwandelt worden, gelebt und so viele wunderbare Menschen kennengelernt zu haben.

Ich warte nicht auf den Tod, obwohl ich weiß, dass er irgendwann kommen wird. Ich lebe mit folgender einfachen und leichten Devise weiter: Lerne jeden Tag, anderen zu helfen, nicht weil du musst oder weil es dir Ansehen bringt, sondern weil du es willst und weil es richtig ist.

Auf den ersten Seiten dieses Buches habe ich darauf hingewiesen, dass ich gern andere zitiere, wenn ich etwas finde, was sie geschrieben oder gesagt haben, das meine eigenen Gefühle besser vermittelt, als ich es vermag.

Zwar stammt der größte Teil dessen, was Sie hier lesen, aus meinem tiefen Inneren, doch alle Zitate geben meine Gedanken wieder, und es wurden große Mühen unternommen, um die jeweilige Quelle ausfindig zu machen.

Und so erinnere ich, während ich ans Ende dieses Buches komme, an die Worte eines anonymen Dichters:

> Frage nicht »Wie ist er gestorben?«, sondern »Wie hat er gelebt?«, frage nicht »Was hat er verdient?«, sondern »Was hat er gegeben?«
>
> Das ist ungeachtet seiner Herkunft die Maßeinheit für den Wert eines Menschen als Mensch.
>
> Frage nicht »Welche Position hatte er inne?«, sondern »Hatte er ein großes Herz?«

Und wie hat er seinen von Gott gegebenen Auftrag erfüllt? War er stets bereit mit einem aufmunternden Wort, um ein Lächeln hervorzurufen, eine Träne zu vertreiben? Frage nicht »In welchen Tempel ist er gegangen?«, noch »Welcher Religion hat er angehört?«, sondern »War er ein Freund derer, die wirklich in Not sind?«
Frage nicht »Was stand in der Traueranzeige?«, sondern »Wie viele haben wirklich getrauert, als er starb?«

Wenn Sie auf Ihr Leben zurückblicken und sagen können: »Ich habe mein Bestes getan, um diese Kriterien zu erfüllen«, dann können Sie zuversichtlich sagen: »Gut gemacht. Ich habe eine glückliche Reise gehabt.«

Die Grabinschrift des 20. US-Präsidenten James A. Garfield lautet:

Das Rennen des Lebens gut gelaufen
Das Lebenswerk gut getan
Die Krone des Lebens wohlverdient
Jetzt kommt der Rest

> *»Es ist wichtig, dass wir jungen Menschen ermöglichen, sich selbst als Teilnehmer der aufregendsten Epoche der Geschichte zu verstehen und einen Sinn dafür zu haben.«*
> — Nelson Rockefeller

Lassen Sie mich zum Abschluss auf Folgendes hinweisen: Einer der größten Schätze, die Sie besitzen, ist Bewusstheit. Wenn Sie jeden Tag aufwachen und sich der Schönheit der Welt, in der Sie leben, nicht voll Glück bewusst sind, und die Chancen nicht wahrnehmen, die Sie ergreifen sollten – egal, welche Hindernisse Ihnen im Weg stehen könnten –, sowie die wunderbaren Beziehungen, die Sie erwarten, nicht erkennen, dann haben Sie das Leben ungeachtet Ihres Alters bereits aufgegeben. Das dürfen Sie auf Ihrem Lebensweg nie vergessen.

WEISHEITS-NUGGET #32

Die Zeit zwischen Geburt und Tod sollte mit Freude und Glück erfüllt sein – auch wenn wir unterwegs mit Schmerzen und Herausforderungen konfrontiert sind.

> *Egal, wie schmal das Tor, wie groß,*
> *wie viel Bestrafung ich auch zähl.*
> *Ich bin der Meister meines Los'.*
> *Ich bin der Käpt'n meiner Seel.*
>
> — William Ernest Henley

Das Leben sollte mit Freude und bewusst gelebt werden. Auch wenn die Straße uneben und holprig ist, müssen wir zuversichtlich sein und verstehen, dass diese Unebenheiten da sind, damit wir den Unterschied begreifen.

Rabbi Steinbach stellt in seinem Buch, *Through Storms We Grow*, aus dem das Zitat auf dieser Seite stammt, einige sehr interessante Fragen, wie zum Beispiel: »Was ist das Kostbarste, was ein Mensch besitzt?« Sein Vorschlag lautet, die naheliegende Antwort sei »das Leben«. Er fragt weiter: »Nach welcher Art von Leben sehnt sich jeder Mensch?« Und er erklärt, dass seiner Meinung nach die meisten Menschen diese Frage mit »ein erfülltes Leben« beantworten.

Und was sind die Bestandteile eines erfüllten Lebens? Rabbi Steinbach meint, dass es vier Zutaten gibt, die von der biblischen Geschichte von Abraham und Isaac abgeleitet werden können:

- Musik, Poesie und Kunst
- Visionen und hochgesteckte Ideale
- Kultur und Bildung
- Hoffnung

Wie wunderbar und anders würde unser Leben verlaufen, wenn unsere Eltern, das Bildungssystem und die Menschheit als Ganzes schon frühzeitig beginnen würden, von der Lebensreise zu sprechen, damit jeder, wenn sie zu Ende geht, sagen könnte: »Ich hatte ein glückliches Leben.«

Von all den oben genannten Werten ist die Hoffnung am wichtigsten. Wenn wir nicht bereit sind zu akzeptieren, dass Leben und Tod Teil des Prozesses sind, werden wir nie die wahre Freude erleben, die uns das Leben schenken kann. Aufgrund meiner eigenen Erfahrungen und der Recherchen für dieses Buch weise ich hier auf drei Dinge hin, die absolut naheliegend sind und die Sie klugerweise berücksichtigen sollten:

- Es ist nie zu früh, die Lebensreise zu planen.
- Es ist nie zu spät, das Leben zu leben.
- Körperliche Beeinträchtigungen sind keine Erfolgshindernisse.

Der entscheidende Punkt von all dem ist, dass ungeachtet des Alters oder des körperlichen und geistigen Zustands viel zu viele begabte und kluge Menschen, die der Gesellschaft noch so viel zu geben hätten, das Leben aufgegeben haben und/oder in ihrem Zuhause, in Institutionen oder Pflegeeinrichtungen »verwahrt« werden und auf den Tod warten.

Ja, wenn wir nicht realistisch sind, was wir in jeder Phase unseres Lebens erreichen wollen, können wir scheitern, aber wenn wir sorgfältig planen, uns ehrlich bemühen und unseren Plan überprüfen und aktualisieren, haben wir große Chancen, erfolgreich zu sein.

Wir scheitern nur dann, wenn wir aufhören, es zu probieren. Alter und Krankheit mögen hinderlich sein, aber sie sollten uns nicht aufhalten. Ich habe aufgrund der Operation, die im Jahr 2012 an meinem Bein vorgenommen wurde, ständig starke Schmerzen, und es gibt keine Medizin, die Linderung bringen kann, aber ich weigere mich, mich dadurch davon abhalten zu lassen, meine Ziele zu erreichen und ein glückliches Leben zu führen.

> Beim Endspiel der World Series der US-Baseball-Profiliga nimmt ein Mann auf dem Sitz hinter der Spielerbank der heimischen Mannschaft Platz. Er sieht, dass der Sitz neben ihm leer ist und fragt die Person auf der anderen Seite, ob der Sitz tatsächlich frei ist. Der Mann sagt ihm, der Platz gehöre ihm selbst. Er habe das Spiel zusammen mit seiner Frau ansehen wollen, aber sie sei gestorben. Der Mann drückt ihm sein Beileid aus und fragt den Besitzer des Platzes, warum er denn nicht einen Freund oder Verwandten hatte finden können, der das Spiel mit ihm zusammen ansieht. Der Mann antwortet: »Die sind alle auf der Beerdigung.«

Es sollte angesichts der großen Zahl der Fragen, die mit unserer Vorbereitung auf unsere Reise und deren Ende zu-

sammenhängen, absolut klar sein, wie überfordernd es sein kann, wenn diese Themen nicht kontinuierlich angesprochen und diskutiert werden.
Wieder kann ich nur hoffen, Sie mit diesem Buch darauf aufmerksam gemacht zu haben. Bitte nutzen Sie die Listen (→ Seite 235 ff.) und füllen Sie diese aus.
Vielen Dank.

Ich saß mit einem Freund beim Frühstück, als ich leise Musik hörte und auf einmal die Vision eines tanzenden Paares hatte. Ich hatte das Bild meiner schönen Braut vor Augen, die mir viel zu früh genommen wurde, und begann zu lächeln, als mir klar wurde, wie viel Glück wir hatten, einander dreißig Jahre gehabt zu haben. Ich entschuldigte mich rasch vom Frühstückstisch, ging in meine Wohnung zurück und schrieb Folgendes:

Erinnerung an einen abendlichen Tanz
Die Kapelle spielte eine leise Melodie,
und die Lichter im Saal waren romantisch gedämpft,
ich beobachtete, wie er sie so liebevoll umschlang,
und sie die Arme vorsichtig um ihn legte.
Sie tanzten und tanzten, als gäbe es kein Ende
und sahen einander mit liebevollen Blicken an.
Der Anblick vermittelte eine klare Botschaft,
dass der Himmel in jeden von uns Zärtlichkeit eingepflanzt hat.

Als ich dastand und sie beobachtete, füllten sich meine Augen mit Tränen, weil ich mich erinnerte, wie Anna und ich im Laufe der Jahre ganze Abende lang Arm in Arm getanzt und nie daran gedacht haben, was später kommen würde.

Wir waren erfüllt von Liebe und Leidenschaft und fühlten uns eins. Die Freude, ein so erfülltes Leben zu führen, unser Wunsch, der gemeinsame Traum möge immer so weitergehen.

Zu den sanften Rhythmen der Musik, die die Liebe in unseren Herzen entfachte, so anmutig durch den Saal gleitend.

Als ich mich langsam umwandte und aus dem Saal ging, wischte ich mir die Tränen aus den Augen.

Eine Botschaft an meine Leser

Auf den ersten Seiten dieses Buches habe ich erklärt, dass dessen Zweck neben einer Hommage an meine geliebte Anna darin besteht, die eine sichere Tatsache nach unserer Geburt anzuerkennen, nämlich dass wir alle sterben werden. Ich habe erläutert, dass wir uns darauf vorbereiten müssen, indem wir unser Leben so führen, dass wir an dessen Ende ehrlich sagen können: »Ich habe gelebt, ich habe geliebt und die wunderbare Reise genossen.«

Ich habe in meinem Buch Geschichten von Menschen erzählt, die ich im Laufe der Jahre kennengelernt und auf ihrer Lebensreise begleitet habe, und ich habe geschildert, wie sie trotz ihrer Altersprobleme sich und andere glücklich gemacht haben.

Bevor dieses Buch veröffentlicht werden konnte, sind mehrere dieser Menschen verstorben. Und ich kann mit aller Aufrichtigkeit beteuern, dass sie ihr Leben bis zum Ende genossen haben. Auch wir sollten uns zum Ziel setzen, diese Welt, bis wir sie verlassen, zu einem besseren Ort zu machen. Bis wir uns wiedersehen, hinterlasse ich Ihnen folgende von Herzen kommende Botschaft: Mögen Sie in Ihrem Leben jeden Tag die Liebe mit denen, die Sie kennen, teilen. Ich hoffe, Sie genießen Ihr Leben auf die gleiche schöne Weise, wie es im folgenden Gedicht beschrieben wird.

Der blühende Rosenbusch

Als ich sechzehn Jahre alt war und einen 85 Jahre alten Mann sah, der mit einer schönen, etwas jüngeren Frau Händchen hielt, fragte ich mich: »Wie ist das möglich?«

Aber jetzt, da ich dieser 85-Jährige bin, denke ich, ich kenne endlich die Antwort.

Liebe ist wie der Samen eines Rosenbuschs, den man in den Garten Eden pflanzt.

Und wenn man ihn dann gießt und düngt, die Sonne und den Mond darauf scheinen lässt, nimmt man bald den starken Duft und das Gefühl der Liebe wahr, die vom Himmel über uns kommt.

Danksagungen

Einige Monate nach Annas Tod saß ich mit unserer guten Freundin und Annas wichtigster Pflegekraft, Mimi Duca, die uns von einem wunderbaren ambulanten Pflegedienst namens Lifeline Companion Services vermittelt wurde, beim Mittagessen, und wir sprachen über die vielen Probleme, mit denen wir seit Annas erster Diagnose bis zu ihrem Lebensende konfrontiert gewesen waren. Gemeinsam kam uns die Idee, dieses Buch in der Absicht zu schreiben, anderen dabei zu helfen, sich besser auf das Unvermeidliche vorzubereiten.

Mimi unterstützte mich auch weiterhin, um die Seiten, die Sie lesen, zu organisieren und vorzubereiten. Ihre direkten Einblicke als professionelle Pflegekraft waren für mich von unschätzbarem Wert.

Sehr dankbar bin ich Harold Bermudez, leitender Angestellter von Leisure Care, einem bekannten und anerkannten Anbieter von Seniorenheimen und Pflegeeinrichtungen, und seinen hervorragenden Mitarbeitern, ohne die ich keinen so problemlosen Zugang zu vielen der Informationen über ihre Erfahrungen mit älteren Menschen und Sterbenden erhalten hätte.

Joel Eisenberg, mein langjähriger Freund und Experte im Verfassen von Büchern, sorgte für den zusätzlichen Anstoß und Ermunterung und blickte mir zusammen mit meinem Verleger, Michael Conant, und meinem Lektor, Taylor Basilio, stets über die Schulter, um sicherzustellen, dass ich das große Ganze nicht aus den Augen verlor. Joel, Michael und Taylor verbrachten darüber hinaus viele Stunden, um dafür zu sorgen, dass meine Sätze Sinn ergaben. Ich hoffe nur, dass ihr Instinkt sie nicht täuschte!

Für mich ist das Wort Familie ein Synonym für Glück. In diesem Sinne bin ich ein sehr reicher Mann. Dank meiner beiden Söhne Ron und Rick und ihrer Ehefrauen, Judi und Leslie, sowie meiner Tochter Laurie, meiner fünf Enkelkinder und vier Urenkel, sowie meines Stiefsohns David. Sie alle haben meine Bemühungen, es besser zu machen, stets unterstützt (und mir meine schlechten Entscheidungen vergeben). Meine Kinder inspirierten mich, als ich sie aufwachsen sah, und ich wurde weiter inspiriert, während ich beobachtete, wie sie ihre Kinder zu fürsorglichen und erfolgreichen Menschen erzogen. Julie (und Ben, ihr Ehemann), Rebecca, Allyson, Ryan und Jennifer (mit ihrem Ehemann Scott), ich hab euch lieb.

Es wäre ein Versäumnis, würde ich die Hilfe, Unterstützung und wunderbare Zuneigung, die mir während der Abfassung dieses Buches von einer Reihe guter Freunde entgegengebracht wurden, unerwähnt lassen: Danke an Dr. Ron und Doreen Lever, Dr. Gordon Freeman, Joyce Goldman, Elaine Berke, Michele und Michael Ginsburg, Dr. Jon Matthew und meinen Freunden seit mehr als 75 Jahren: Dr. Fred und Sandy Bernstein. Sie alle haben mir zusammen mit Nooneh Kradjian, Ruth Goldman und Sherman Root die Kraft verliehen, die vielen Hindernisse zu überwinden, die sich mir in den Weg gestellt haben. Ich möchte euch allen meine tiefe Dankbarkeit zum Ausdruck bringen.

Und schließlich an meine Urenkel, Noah, Addison, Tripp und Caroline (einem zukünftigen Star, weil sie im Dezember 2013 ihren ersten öffentlichen Auftritt auf Facebook hatte): Ihr seid das Sahnehäubchen.

Ich hab euch lieb. Anna hatte euch lieb. Das Leben war gut. Bis jetzt ...

Und zu guter Letzt möchte ich einem Mann Anerkennung zollen, der fast bis zu seinem letzten Lebenstag im Dezember 2014 mein Mentor, Freund und meine Inspiration war. Während der Lektüre dieses Buchs hatten Sie die Gelegenheit, von seinen Lehren zu erfahren. Rabbi Harold Schulweis war schon zu Lebzeiten eine Legende. Ich muss ihm posthum dafür danken, dass er Annas Leben und meines so sehr beeinflusst hat.

Hommage an eine Legende

Am Montag, dem 30. September 2012, erhielt ich einen Anruf von meinem lieben Freund und Mentor Rabbi Harold Schulweis, der mich informierte, dass er am kommenden Sabbat den Gottesdienst in unserer Synagoge, Valley Beth Shalom in Encino, Kalifornien, nicht halten würde.

Als ich ihn nach dem Grund fragte, sagte er mir, dass er zu mir nach Hause kommen und den Tag mit Anna verbringen würde. Da er von einer langen Krankheit noch geschwächt war und nicht Auto fahren konnte, bat er mich, ihn am Sabbat abzuholen und zu unserem Haus zu fahren, was ich auch tat. Er und Anna verbrachten ein paar Stunden allein zusammen, und er hielt ihre Hand. Eine Woche später starb sie. Es mutet fast ironisch an, dass ich am Morgen des 18. Oktober 2014, als ich gerade die endgültige Fassung dieses Buches abgeschlossen hatte, eine E-Mail erhielt, mit der ich informiert wurde, dass der Rabbi am frühen Morgen verstorben war.

Ich würde seinem Geist nicht gerecht werden, würde ich nicht anerkennen, welche große Rolle dieser großartige Rabbi, Autor und Menschenfreund in meinem Leben gespielt hat. Er hatte – auch mit seinen Werken – großen Einfluss auf Menschen aller Glaubensrichtungen und Religionen.

Er hat dieses Buch gelesen, Beiträge dazu geleistet und mich mit Blick auf die vielen Konzepte beraten, die ich hier darstelle. Vor allem aber waren und sind er und seine schöne Frau Malkah Freunde von Anna und mir.

Nach meiner Rückkehr nach Los Angeles im Jahr 1983 lernte ich ihn kennen. Das war nach einer schwierigen Scheidung, kurz bevor Anna und ich uns trafen. Ich ging in die Synagoge und setzte mich mit ihm zusammen, um seinen Rat hinsichtlich meiner Lebensziele einzuholen. Er fragte mich, ob ich ein guter Mensch sei.

Ich antwortete ihm, dass ich in meinem Leben zwar einige Fehler gemacht hätte, aber das Gefühl habe, ein guter Mensch zu sein. Er sah mich an und riet mir, mich jeden Morgen nach dem Aufstehen vor den Spiegel zu stellen und mir selbst zu applaudieren. Und genau das habe ich seither getan.

Rabbi Harold Schulweis wurde und wird noch lange als großartiger Wissenschaftler und Lehrer in Erinnerung bleiben. Zu seinen Beiträgen für Menschen aller Glaubensrichtungen zählt die Gründung der Righteous Christians Organisation, die alle Nicht-Juden ehrt, die während des Zweiten Weltkriegs halfen, das Leben so vieler Juden zu retten.

Sein Geist lebt in den Herzen und Gedanken aller mitmenschlichen Personen weiter. Ich kann ihm meine Dankbarkeit niemals angemessen zum Ausdruck bringen.

Über den Autor

Bernie Otis (1929-2018) war ein bekannter Planer für Großküchenbetriebe, Marketingmanager, Verkaufsberater, Redner, Autor und Gemeindeverantwortlicher. Während seiner 65-jährigen Berufslaufbahn hatte er Firmen wie ITT Corp, Hewlett Packard, Barkley's Bank und Tiffany's in New York beraten, war aber auch bei der Planung und dem Bau von gastronomischen Großbetrieben für Disneyland, großen Krankenhäusern, Universitäten und Restaurants beratend tätig.

Sein erstes Buch, *Revenue Generation Through the Sale of Kumquats and Other Things,* war sehr erfolgreich.

Bernie hatte 21 Jahre in Las Vegas gelebt und für die meisten Hotels der Stadt, aber auch für die Mehrzahl der Hotels und Restaurants in der Region von Südkalifornien, Santa Clarita und San Diego sowie andere große Hotels landesweit als Planer für gastronomische Großbetriebe gearbeitet. Im Jahr 1954 trat er der Rotary Foundation bei und war Präsident zweier Klubs und Charter Member dreier Klubs. Dafür wurde er mit der Paul Harris Fellow Auszeichnung geehrt.

Als ausgebildeter Hospizmitarbeiter kümmerte er sich um Familien von unheilbar Kranken und leistete darüber hinaus Arbeit in der Gemeinde. Außerdem war er Berater von Lifeline Companion Services, einem führenden Anbieter von ambulanter Pflege.

Bernie hatte sich aktiv in der National Indian Gaming Association engagiert und hielt auf ihren Konferenzen regelmäßig Vorträge. Sein Vortrag über die Geschichte von Las Vegas war aufregend, interessant und beliebt, wie auch seine

Vorträge über das Geschäftsleben und das Knüpfen von Beziehungen.

Nach dem tragischen Tod von Anna im Oktober 2012 zog er in eine Einrichtung für betreutes Wohnen nach Fairwinds, Kalifornien, wo er – neben anderen Aktivitäten – seine Arbeit mit Menschen mit Behinderung fortsetzte. Seit Annas Tod bis März 2015 verbrachte Bernie viel Zeit mit der Abfassung einer Hommage an sie.

Als Addendum zu diesem Buch hatte Bernie *The Book of Poems About Life* verfasst, das direkt vom Verlag bezogen werden kann: www.incorgnitobooks.com.

Register

Achtsamkeit 191 ff., 213
Akzeptanz 139
Alarmsysteme, medizinische 169 ff., 235
Altersweisheit 219
Alterungsprozess 15, 30, 42, 44 f., 47, 56 f., 59 ff., 76, 122, 138, 148, 182, 220, 233, 245
Alzheimer-Erkrankung 54, 61, 95, 130, 138, 151, 155, 157, 236
Ambulante Pflegedienste 243
Angehörige
- Abschiebung 103 ff.
- Bedeutung 94 ff.
- Belastung für 44, 138, 147
- Verantwortlichkeit 48 f., 56 f.
- Verhalten bei Erkrankung 109 f., 114 ff.
- Verlust 244 ff.
Anrufe, tägliche 121
Authentizität des Lebens 71 ff.
Autofahren (Verzicht) 140 f.

Beerdigung 49
Beharrlichkeit 251 f.
Betreutes Wohnen 155 f.
Betreuungsverfügung 48, 146
Beziehungen
- liebevolle 130 ff.
- soziale 91 ff.

Checklisten 235 ff.

Demenz 60, 95, 141, 151, 156
Demenz-Einrichtungen 155
Die Reise des Lebens 15 f., 19, 22, 33, 43 ff., 52, 68, 72 ff., 231 ff., 245 f., 256 ff.
Differenzen, religiöse 98 f.

Einsamkeit 41, 130 f.
Eltern als Lehrer der Kinder 200 ff.
Entdeckerfreuden 87 ff.
Erblindung → Sehvermögen
Ernährungsfragen 160

Fallbeispiele 68 ff.
Familienbeziehungen 200 ff., 222, 250
Familiengeschichte, medizinische 146
Familienmitglieder
→ Angehörige
Finanzen 238 f.
Freunde 41, 47, 49, 105, 246
Fürsprecher 159 ff.

Gebete 187 ff.
Gedächtnis(probleme) 18, 60, 180
Gehstock 63
Gemeinschaft 127 ff.
Genesungsheime 157
Geriater 242
Gesundheit bewahren 37 f.
Gesundheitsakte 146
Gesundheitsvorsorge 47 ff.
Glaube 185 ff.

Hauspflegedienste 149 f.
Hautfarbe, Frage der 99
Hilfe, zwischenmenschliche 75 ff.
Hoffnung, unverzichtbare 74, 190
Hospizpflege 158 f.
Humor 24, 34, 39, 247

Kinder, uneheliche 100
Kondolieren 117f.
Krankenpflege, häusliche 19ff.
Kurzzeitpflege 158

Leben
- als Entscheidungsfindung 80ff., 139ff., 182, 194, 220ff.
- als Herausforderung 83ff.
- erfülltes 256ff.
Lebensqualität
- im Alter 45ff., 55, 91ff.
- minimale 48
Lebensreise
→ Die Reise des Lebens
Lebenssinn 178ff., 185ff.
Liebe, Facetten der 250f.

Makuladegeneration 175f.
Maßnahmen, lebensverlängernde 48
Meditation 191ff.
Midlife-Crisis 212
Mobilitätsverlust 61f.
Morbus Crohn 163

Nachlassplanung 146

Optimismus 69, 89
Otis, Anna Patricia 9ff., 18ff., 96f., 106f., 119, 126f., 131, 149f., 159f., 162, 169f., 174ff., 179, 189, 191, 232, 239, 248

Patientenverfügung 48f., 146
Persönlichkeitsveränderung im Alter 154
Pflegeberater 241
Pflegeeinrichtungen 148ff., 171ff.
- Wahlkriterien 153f.
Pflegeheime 157, 210
Pflegende 42, 104, 109, 145, 158, 172, 241ff.
→ a. Hauspflegedienste

- Dienstleistungen 151
- Erfahrung 150f.
- Kommunikation 152
Pflegeversicherung 21, 49, 237
Planungen
→ Die Reise des Lebens

Scheidung/Sorgerecht 101f.
Sehvermögen/-verlust 51ff., 174ff.
Selbstbestimmtes Leben 144f., 155ff.
Seniorensiedlungen 156f.
Spiritualität 186f., 189f.
Stress (emotionaler) 49, 60, 95, 187
Stürze zu Hause 52, 61ff., 235

Tagespflege 155
Technik und Menschlichkeit 218f.
Testament 146
Tod 32ff., 50, 64ff., 88, 108, 126f., 142ff., 180f., 215, 218, 239, 245f., 249, 253
- junger Menschen 65
Transportdienste 153
Trauerphasen 108ff.

Unabhängigkeit, Aufgabe der 44, 52, 63, 77, 136ff.

Vergebung 226ff., 249
Versicherungen 237
Versöhnung 122f., 229, 250
Verwirrtheit 59
Vorsorgevollmacht 48, 146

Wohngruppen 156
Wutausbrüche 60

Zeit 28, 30, 39ff., 46f.
Zorn 226ff.
Zukunftsplanung/-verantwortung 18, 22

Bücher, die den Horizont erweitern

Birgit Frohn
DAS KLEINE BUCH DER HAUSMITTEL. KOMPAKT-RATGEBER
Bewährtes Heilwissen bei Alltagsbeschwerden von A bis Z

7,99 € (D) / 8,20 € (A)
ISBN 978-3-86374-264-5

„Ein tolles Ratgeberbuch, welches man wunderbar in der Hosentasche mit sich führen kann. Das Buch ist einfach aufgebaut. Sie schauen im Inhaltsverzeichnis, zum Beispiel nach Bauchschmerzen, und bekommen dann die Seiten der alternativen Heilmittel. Die Anwendungen sind einfach beschrieben." Fachbuchkritik.de

Andreas Winter
HEILEN OHNE MEDIKAMENTE
Chronische Krankheiten: Seelische Ursachen aufdecken und gesund werden. Selbstcoaching in zehn Schritten

9,95 € (D) / 10,30 € (A)
ISBN 978-3-86374-190-7

„Mit Hinweis auf spektakuläre Erfolge spürt er [Andreas Winter] der Frage nach, welchen Einfluss die Psyche auf den Körper hat. Dieser Einfluss ist nicht zu unterschätzen, wie wir wissen. Dieses Spannungsfeld laienverständlich auszuleuchten, ist sicher eine Kunst für sich. In seiner Rolle als Experte kann er unterstützen, ‚wollen' müssen jedoch seine Klienten." Dr. Susan Trittmacher

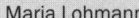

Maria Lohmann
LABORWERTE VERSTEHEN. KOMPAKT-RATGEBER
Blut-, Urin- und Stuhlanalysen – Normalwerte im Überblick – Fachbegriffe und wichtige Abkürzungen

9,99 € (D) / 10,30 € (A)
ISBN 978-3-86374-158-7

„Dieses Buch gehört in die Hand jedes Patienten, der verstehen möchte, was in seinem Körper geschieht, und der aktiv an seiner Gesundheit arbeiten will. Das Wissen um die Bedeutung und die Hintergründe von Laborbefunden kann die Angst vor einem nächsten Arztbesuch nehmen und gleichzeitig das Bewusstsein für die eigene Verantwortung an der Gesunderhaltung stärken." Stiftung Gesundheit

Bärbel Mechler
VON PSYCHOPATHEN UMGEBEN
Wie Sie sich erfolgreich gegen schwierige
Menschen zur Wehr setzen

9,95 € (D) / 10,30 € (A)
ISBN 978-3-86374-123-5

„(...) Fest steht, unter psychopathisch Veranlagten leidet die Umgebung zunehmend. Die Autorin gibt mit ihrem Buch Antworten darauf, wie mit solchen Menschen richtig umzugehen ist, um die Lage in den Griff zu bekommen und das eigene Leben endlich von Leiden zu befreien. (...) Der Ratgeber bietet eine reiche Vielfalt an anwendbaren Methoden, jede Menge Rat für Verzweifelte und einen Wegweiser aus vielen verzwickten Situationen." newsag

Prof. Dr. med. Jörg Spitz / William B. Grant, Ph. D.
KREBSZELLEN MÖGEN KEINE SONNE
Vitamin D – der Schutzschild gegen Krebs, Diabetes und Herzerkrankungen. Ärztlicher Rat für Betroffene.
Mit Vitamin-D-Barometer und Lebensstil-Risiko-Fragebogen

12,95 € (D) / 13,40 € (A)
ISBN 978-3-86374-394-9

„(...) Der Ratgeber liest sich ausgesprochen spannend und ist leichtverständlich auch für den interessierten Laien. Und es tut auch einfach gut zu erfahren, auf welch einfache Weise man sich selbst und seiner Gesundheit ohne jegliche Risiken und Nebenwirkungen so viel Gutes tun kann!" pnp.c

Prof. TCM Univ. Yunnan Li Wu
TCM FÜR JEDEN TAG
Entspannt und gesund durch die Woche

9,95 € (D) / 10,30 € (A)
ISBN 978-3-86374-100-6

„(...) Prof. Li Wu ist es mit diesem handlichen Taschenbuch gelungen, Grundlagen der TCM zu vermitteln und mit einfachen Übungen und Ernährungsanregungen für 7 Tage Lust zu machen, bewusster mit seinem Körper umzugehen bzw. kleinere Beschwerden wirkungsvoll zu kurieren. Ideal als Einstieg für die Beschäftigung mit TCM oder einfach als praktischer Ratgeber mit ganzheitlichem Zugang."

Susanne Strobach, Coaching, Mediatio
Training für Unternehmen und Einzelpersone

Unsere Bücher erhalten Sie bei Ihrem Buchhändler!
Besuchen Sie auch unsere Internetseite mit Bestellmöglichkeit, Internetforum,
Leseproben, Veranstaltungstipps und Newsletter: **www.mankau-verlag.de**